AF617432

CLAVES PRÁCTICAS
Laborales Sagardoy
FRANCIS LEFEBVRE

Modificación sustancial de condiciones de trabajo

Fecha de edición: 25 de junio de 2024

Esta monografía de la Colección
CLAVES PRÁCTICAS Laborales Sagardoy
es una obra editada por Francis Lefebvre
bajo la coordinación de:
MARTÍN GODINO REYES
(Socio Director de Sagardoy Abogados. Doctor en Derecho y Profesor del Máster de Acceso a la Abogacía de la Universidad Carlos III)
y **GEMMA FABREGAT MONFORT**
(Catedrática de Derecho del Trabajo y de la Seguridad Social de la Universidad de Valencia. Of Counsel en Sagardoy Abogados)

AUTORES:

María Rodríguez Miranda
Abogada ejerciente del Ilustre Colegio de Abogados de Santa Cruz de Tenerife. Licenciada en Derecho en la Universidad de la Laguna

Sergio García Ruiz
Abogado de Sagardoy Abogados y colegiado del Ilustre Colegio de Abogados de Las Palmas. Máster en Derecho Empresarial de Garrigues en colaboración con la Universidad de Harvard y Profesor Colaborador de la Obra Big Data ISDE, de Legaltech Project por Economist&Jurist

María del Mar Ropero Campos
Socia directora de Sagardoy Abogados en Las Palmas de Gran Canaria. Abogada en ejercicio del Ilustre Colegio de Abogados de Las Palmas y Licenciada en Derecho por la Universidad Autónoma de Madrid

Lefebvre-El Derecho, S. A.
Monasterios de Suso y Yuso, 34. 28049 Madrid. Teléfono: 91 210 80 00.
clientes@lefebvre.es
www.efl.es
Precio: 37,44 € (IVA incluido)

ISBN: 978-84-10128-72-9
Depósito legal: M-16151-2024

Impreso en España por Printing'94
Paseo de la Castellana, 93, 2° – 28046 Madrid

Plan general

nº marginal

Abreviaturas

AN	Audiencia Nacional
art.	Artículo
BOE	Boletín Oficial del Estado
CC	Código Civil
Const	Constitución Española
DGE	Dirección General de Empleo
DGT	Dirección General de Tributos
Dir	Directiva
EDJ	El Derecho Jurisprudencia
ERTE	Expediente Regulación Temporal de Empleo
ET	Estatuto de los Trabajadores (RDLeg 2/2015)
ETOP	Causas económicas, técnicas, organizativas y de producción
L	Ley
LEC	Ley de Enjuiciamiento Civil (Ley 1/2000)
LGSS	Ley General de la Seguridad Social (RDLeg 8/2015)
LOLS	Ley Orgánica de Libertad Sindical (LO 11/1985)
LRJS	Ley Reguladora de la Jurisdicción Social (Ley 36/2011)
MESS	Ministerio de Empleo y Seguridad Social
MSCT	Modificación Sustancial del Contrato de Trabajo
RD	Real Decreto
RDL	Real Decreto-Ley
RDPD	RD 1483/2012 por el que se aprueba el Reglamento de los procedimientos de despido colectivo y de suspensión de contratos y reducción de jornada (modificado en virtud del RDL 11/2013)
Rec	Recurso
RLPT	Representación Legal de las Personas Trabajadoras
SMI	Salario Mínimo Interprofesional
TCo	Tribunal Constitucional
TJUE	Tribunal de Justicia de la Unión Europea
TS	Tribunal Supremo
TSJ	Tribunal Superior de Justicia

Capítulo 1. Introducción y concepto de MSCT

1. Introducción

(ET art.41)

La modificación sustancial de condiciones de trabajo (en adelante MSCT) se configura como una **medida de flexibilidad interna** que permite a los empresarios adecuar la organización del trabajo en la empresa a la nueva o cambiante situación de la misma en el contexto del mercado de trabajo; es, también, la medida en que la exigencia causal o de fondo resulta más laxa, y que desde el punto de vista de la forma de adopción presenta una complejidad mínima. 1005

En paralelo, y a pesar de su carácter sustancial, es la alteración de más bajo impacto en la **estructura y contenido** de la relación jurídico-laboral y en la órbita profesional de los trabajadores.

Sensu contrario, existen **otras medidas de flexibilidad** interna en las empresas más gravosas para los derechos de las personas trabajadoras tales como la **suspensión** del contrato de trabajo ET art.47 (nº 1095 s.), o la **inaplicación** de convenio colectivo ET art.82 (nº 1055 s.). La medida de flexibilidad más extrema, sería la del **despido colectivo** ET art.51 (nº 2050 s.), procedimiento por el cual, el empresario puede poner fin a la relación laboral apoyándose en las causas objetivas (económicas, técnicas, organizativas o de producción) definidas en aquel precepto, y que otorga el derecho de la persona trabajadora a una indemnización de 20 días de salario por año de servicio, prorrateándose los períodos inferiores al año, con un límite de 12 meses. En la modificación sustancial de las condiciones de trabajo opera la misma indemnización (si es ajustada a derecho), pero con el límite de 9 mensualidades ET art.41.3.

Para definir la modificación sustancial de las condiciones de trabajo (MSCT), se puede traer a colación la **definición** que de dicho instituto jurídico realiza el TS cuando establece que las modificaciones sustanciales son aquellas de tal naturaleza que **alteran y transforman** los aspectos fundamentales de la relación laboral, en términos tales que pasan a ser otros de modo notorio.

El supuesto del ET art.41, en suma, solo contempla los casos en que la MSCT se produce por **iniciativa unilateral de la empresa** pero al amparo de causas determinadas. La norma facilita, entonces, el ajuste racional de las estructuras productivas a las sobrevenidas circunstancias del mercado, fruto de la variable situación económica, con el objetivo de procurar el mantenimiento del puesto de trabajo en lugar de su destrucción, atendiendo así a fines constitucionalmente legítimos, como son garantizar el derecho al trabajo de los ciudadanos (Const art.35.1), mediante la adopción de una política orientada a la consecución del pleno empleo (Const art.40.1), así como la libertad de empresa y la defensa de la productividad (Const art.38), por asumir los términos del TCo 8/2015» (TS 8-2-23, EDJ 513089).

Siguiendo el criterio del Tribunal Supremo, se pueden **definir** las modificaciones sustanciales de las condiciones de trabajo como un conjunto de medidas implementadas de forma unilateral por el empresario con una causa justificada y que constituye un cambio en las condiciones laborales del trabajador, de forma permanente y sustancial.

1010 Sus **características principales** son:

a) Puede afectar a cualquier condición laboral reconocida en el contrato de trabajo, acuerdos o pactos colectivos.

b) Debe respetar siempre los derechos mínimos recogidos en el convenio colectivo, es decir, no puede imponerse, por ejemplo, un salario más bajo o una jornada superior con respecto a los establecidos por este.

c) Siempre afecta a futuro, es decir, no puede aplicarse retroactivamente.

d) El cambio debe estar justificado por una causa objetiva y aplicarse siguiendo el procedimiento del ET art.41, que también define los derechos de los trabajadores en dicho contexto.

e) La justificación puede darse por motivos económicos, de producción, técnicos u organizativos que tengan implicaciones en la productividad, competitividad, o la organización técnica o del trabajo en la empresa (nº 7145 s.).

1015 Por lo tanto, como **elementos constitutivos** de la MSCT se pueden nombrar:

a) La MSCT a que se refiere el ET art.41 que no es más que una **alteración sobrevenida** de alguno de los elementos básicos o de las principales condiciones de ejecución del contrato inicialmente estipulados o que rigen en la relación laboral desde su comienzo.

b) Se trata de una verdadera **excepción** al principio *pacta sunt servanda*, y con ello, de una manifestación específica de la cláusula *rebus sic stantibus*. Al ser esta última de aplicación sumamente excepcional en el ámbito laboral, se trataría de introducir un mecanismo específico de adaptación de las condiciones y términos contractuales a los cambios sobrevenidos en el contexto y condiciones de la empresa.

c) Es un cambio que puede decidir el empresario de **manera unilateral** (la modificación la puede adoptar la «dirección de la empresa», según el ET art.41); es una facultad, por tanto, que se encuentra dentro del alcance del poder organizativo y directivo del empresario.

d) Constituye una medida de **flexibilidad interna**, o lo que es lo mismo, una técnica para la adaptación de las condiciones de la empresa a los cambios a que se puede ver sometida en sus aspectos económico, técnico, organizativo o productivo.

e) Pese a todo lo dicho, la posibilidad de decidir introducir en las relaciones de trabajo asalariado modificaciones sustanciales no es omnímoda y se encuentra sometida a unas **exigencias** de causa y de procedimiento (ET art.41).

f) En atención al carácter gradual de las diversas medidas de flexibilidad que el ordenamiento pone a disposición del empresario, la MSCT se caracteriza por el **grado de intensidad** con que la causa repercute sobre la situación de la empresa, en función del impacto o de la magnitud de los efectos que la circunstancia sobrevenida o el cambio en el contexto económico, técnico, organizativo y productivo tiene sobre la organización. Esto ha de tenerse en cuenta en el momento de valorar la justificación de la medida; y aunque es cierto que la MSCT se encuentra en la base de esa batería de fórmulas de adaptación y ajuste de que dispone el empresario para acomodar su empresa a la nueva situación y a los cambios sobrevenidos en el medio en que se desenvuelve su actividad, y que eso implica que la exigencia causal es la más laxa de todas ellas, lo anterior no quiere decir que valga cualquier decisión que se pretenda adoptar.

g) La MSCT ha de tener un **carácter finalista**, una capacidad de incidir positivamente en la situación de la empresa. Concebida la MSCT como una fórmula más de adaptabilidad y acomodo de las condiciones y circunstancias en que se desarrolla la actividad empresarial, es consustancial a ella ese carácter útil; en definitiva, que la posibilidad de recurrir a su adopción se conciba y se enjuicie en su condición de mecanismo de mejora en alguna medida de la forma en que la empresa organiza sus recursos y factores productivos y desarrolla sus estrategias para el logro de sus objetivos de competitividad y eficiencia.

2. Tipo de condición afectada

(ET art.41)

El ET recoge un listado de condiciones de la relación laboral que pueden ser alteradas por la Empresa (ET art.41): **1025**

«1. La dirección de la empresa puede acordar modificaciones sustanciales de las condiciones de trabajo cuando existan probadas razones económicas, técnicas, organizativas o de producción. Se consideran tales las que estén relacionadas con la competitividad, productividad u organización técnica o del trabajo en la empresa. Tienen la consideración de modificaciones sustanciales de las condiciones de trabajo, **entre otras**, las que afecten a las siguientes materias:

a) Jornada de trabajo.

b) Horario y distribución del tiempo de trabajo.

c) Régimen de trabajo a turnos.

d) Sistema de remuneración y cuantía salarial.

e) Sistema de trabajo y rendimiento.

f) Funciones, cuando excedan de los límites que para la movilidad funcional prevé el ET art.39».

No obstante, siguiendo la **doctrina jurisprudencial** del TS, ha de quedar establecido que si bien dicho artículo contiene una lista de las condiciones que son susceptible de modificación sustancial, esta lista es «meramente ejemplificativa y no exhaustiva», así lo señala en diversas sentencias tales como TS 9-12-03, EDJ 209452; 26-4-06, EDJ 76734 y 22-1-13, EDJ 10496. **1030**

Atendiendo al primer punto de vista se ha de destacar que el ET art.41 regula específicamente las «modificaciones sustanciales de las condiciones de trabajo», enumerando en **lista abierta** las condiciones de trabajo que *ex lege* «tendrán la consideración» sustancial referida. Lista que el TS 03-4-95, EDJ 1547 califica –en efecto– de «ejemplificativa y no exhaustiva», criterio que reitera el TS 9-4-01, EDJ 16048, al afirmar que el elenco de posibilidades que en el precepto se contemplan no está limitado a las expresamente tipificadas en su apartado primero.

De esta forma es claro que la lista no comprende todas las modificaciones que son –pueden ser– sustanciales, pero también ha de afirmarse tampoco atribuye carácter sustancial a toda modificación que afecte a las materias expresamente listadas. Y decíamos que las alteraciones en las materias enumeradas no necesariamente son sustanciales, sino que tan solo «pueden» serlo, porque es unánime criterio de este Tribunal el de que la aplicación del ET art.41 no está «referida al hecho de que la condición sea sustancial, sino a la exigencia de que sea sustancial la propia modificación». Para concluir, utilizando expresión del todo gráfica, que ni están todas las que son ni son todas las que están (TS 26-4-06, EDJ 76734).

Llama especialmente la atención la **expresión utilizada por el TS** «no están todas las que son ni son todas las que están», que, no obstante, puede utilizarse para delimitar el alcance del ET art.41 porque:

a) La modificación **es sustancial** cuando afecta con suficiente entidad a una condición de trabajo que, aun no estando expresamente listada, tiene carácter fundamental («no están todas las que son»).

b) La modificación **no es sustancial** cuando, afectando a una condición de trabajo expresamente listada, carece de suficiente entidad («no son todas las que están»).

Por lo tanto, ha de tenerse en cuenta que el ET art.41.1: a) no incorpora **todas** las condiciones de trabajo que pueden ser objeto de modificación sustancial, y b) no toda modificación que afecta a alguna de las condiciones de trabajo listadas tiene automáticamente el carácter de **sustancial**.

En cualquier caso, y según el **criterio del Tribunal Supremo** ha de quedar establecido que el ET art.41 enumera un listado de condiciones que son susceptibles de producir modificaciones sustanciales de las condiciones de trabajo. No se trata de una lista cerrada, sino abierta, siendo su enumeración **meramente ejemplificativa y no exhaustiva**, ya que en el mismo precepto se precisa que tendrán la consideración de modificaciones sustanciales las que afecten a dichas materias «entre otras».

La jurisprudencia de la Sala, desde antiguo, ha venido señalando que para **determinar el carácter** sustancial o no de la modificación no puede acudirse simplemente a la lista que incorpora el apartado primero del ET art.41 dado que se trata de una lista ejemplificativa y no exhaustiva de suerte que el mencionado listado no incorpora todas las modificaciones que pueden ser sustanciales ni tampoco atribuye el carácter de sustancial a toda modificación que afecte a alguna de las condiciones listadas.

En definitiva, la aplicación del ET art.41 no está referida al hecho de que la condición sea sustancial, sino a la necesidad de que sea **sustancial la modificación**. Entre otras muchas, puede verse el TS 3-4-95, EDJ 1547 y 9-4-01, EDJ 16048 (TS 12-9-16, EDJ 197703).

1035 En cuanto al **carácter sustancial** de las modificaciones se puede concluir que este no se refiere al hecho de que la condición sea sustancial, sino a que la propia modificación sea sustancial. Es decir, el elemento decisivo no es tanto la naturaleza de la condición afectada, como el alcance o importancia de la modificación. Esto supone que la sustancialidad está conectada con la entidad del cambio al afectar a aspectos fundamentales de la condición, cuando se suprime o afecta aspectos fundamentales de la condición, pasando a ser otra distinta, de un modo notorio. Ello puede venir determinado por **circunstancias** como:

– la mayor o menor duración de la modificación,
– la existencia de contrapartidas, o incluso,
– por comparación con la situación precedente

La jurisprudencia **parte de la constatación** de que para saber si una modificación es o no sustancial no queda más remedio que analizar en cada caso las circunstancias concurrentes, y recurrir a criterios empíricos de casuismo; razón por la que resulta imposible o bastante difícil trazar una noción dogmática de la modificación sustancial. Una variación es sustancial valorando los siguientes aspectos:

a) La relevancia de la materia sobre la que verse

b) La intensidad y el grado o alcance objetivo de la alteración

c) El impacto sobre la situación y los derechos de los afectados o el daño potencial (o real) para el trabajador.

PRECISIONES Al respecto, el TS 10-3-21, EDJ 514963; en la que expresamente se refiere a la casuística en la que se enmarca la **modificación sustancial**. «Como subraya nuestra jurisprudencia, aunque no es posible trazar una noción dogmática de modificación sustancial, sino que hay que ir caso a caso, imponiéndose criterios empíricos de casuismo, se han de considerar modificaciones sustanciales, con carácter general, aquellas que alteran los aspectos fundamentales de la relación laboral, debiéndose valorar, entre otros factores, la importancia cualitativa y el alcance temporal de la modificación y, especialmente, en lo que aquí importa, la intensidad del perjuicio y sacrificio que suponen para el trabajador afectado y los elementos contextuales concurrentes». El TS se remite, por todas, al «TS 12-9-16, EDJ 197703; 29-6-17, EDJ 143139; 29-11-17, EDJ 279532; 26-6-18, EDJ 527753; 19-2-19 EDJ 519552; 28-1-20, EDJ 507753; 19-2-20, EDJ 550165; 27-2-20, EDJ 554423 y 11-6-20, EDJ 589476» (ibidem).

3. Diferencias con figuras afines

(ET art.41 y 82)

Alternativamente a la aplicación de las MSCT, aparecen diferentes figuras que permiten modificar el contrato de trabajo de los trabajadores, no obstante, producen diferentes **consecuencias** y tienen distintos **efectos**. Entre las diferentes figuras, están las siguientes: **1045**

a. Descuelgue de convenio

El procedimiento de descuelgue es una **medida extraordinaria y temporal** que permite al empresario, previo desarrollo de un periodo de consultas con la representación legal de las personas trabajadoras en la empresa, reducir o limitar alguno de los derechos recogidos en el convenio colectivo de aplicación (ET art.82). **1055**

Siguiendo la doctrina jurisprudencial del Tribunal Supremo, podemos establecer las **principales diferencias** existentes entre ambas figuras. La interpretación integradora de los ET art.41 y 82.3 implica que la empresa puede acudir al procedimiento del ET art.41, para aplicar modificaciones sustanciales de condiciones de trabajo cuando afecten a **materias que no estén reguladas** en un convenio colectivo de naturaleza estatutaria, pero debe necesariamente sujetarse al específico procedimiento del ET art.82.3, cuando lo que pretende es inaplicar condiciones de trabajo reguladas en esa clase de convenios, para descolgarse de las mismas en razón de las alegadas causas económicas, productivas, técnicas u organizativas, que pretende hacer valer a tal efecto.

La principal diferencia entre una y otra clase de procedimiento, es el hecho de que el ET art.41 permite al empresario **aplicar unilateralmente** las modificaciones sustanciales de condiciones de trabajo una vez que el periodo de consultas ha finalizado sin alcanzar un pacto, y con independencia del resultado final de su eventual impugnación judicial, mientras que el ET art.82.3 **no admite esa decisión** unilateral de la empresa, sino que impone distintos mecanismos de intermediación y arbitraje cuando ha terminado sin acuerdo el periodo de consultas.

De modo que la traslación de esta reglas al caso lleva a entender que no es contraria a derecho la decisión de la empresa, consistente en **abrir un periodo de consultas** para implantar distintas modificaciones sustanciales de condiciones de trabajo, y a su vez, para negociar la posible inaplicación de lo previsto en el convenio colectivo en materia salarial, informando a la RLT de esta doble y diferenciada finalidad, para lo que presenta sendas memorias explicativas de las razones que justificarían la adopción de cada una de ellas.

No hay obstáculo legal que impida a la empresa instar simultáneamente ese doble procedimiento negociador de ET art.41 y 82.3, si considera que la situación en la que se encuentra requiere la adopción de medidas de modificación sustancial de condiciones de trabajo, alguna de las cuales obliguen a la inaplicación de lo previsto en el convenio colectivo.

En ese escenario, el **fracaso de la negociación** no es obstáculo para que la empresa adopte unilateralmente la decisión de introducir MSCT que no conlleven la inaplicación del convenio colectivo, tal y como así hizo en este caso con aquellas medidas que la sentencia recurrida ha convalidado por considerarlas justificadas, en razón de la acreditada situación económica negativa.

Pero la **finalización sin acuerdo** del periodo de consultas no permite en cambio la unilateral inaplicación de las condiciones retributivas reguladas en el convenio colectivo, debiendo acudir en ese caso a los distintos mecanismos de mediación a los que se refiere el ET art.82.3 (TS 8-10-20, EDJ 697138).

1060 Las principales diferencias y semejanzas entre la MSCT y el descuelgue, son las siguientes:

a) Las causas para una y otra son similares, pues en ambos casos se pretende **buscar una solución** a un problema por el que atraviesa la empresa que se traduce en dificultades económicas o sencillamente en su falta de competitividad, productividad o en necesidades de organización técnica o del trabajo en la empresa.

b) La **lista de materias** susceptibles de modificación sustancial es abierta, siendo ejemplificativa la contenida en el ET art.41.1; el elenco de materias respecto de las que cabe la inaplicación es cerrado. Las dos tablas son casi coincidentes, si bien el ET art.82.3 menciona las mejoras voluntarias de la Seguridad Social, cuya referencia se omite en el ET art.41.

c) Solo los cambios en las condiciones de trabajo que tengan **carácter sustancial** quedan sometidos al procedimiento previsto en el ET art.41. Sin embargo, todas las alteraciones de las condiciones de trabajo previstas por el convenio sean sustanciales o no, deben quedar sometidas al descuelgue. El empresario ha de acudir al procedimiento previsto en el ET art.41 cuando pretenda modificar condiciones de trabajo reconocidas a los trabajadores en el **contrato de trabajo**, en acuerdos o pactos colectivos o disfrutadas por estos en virtud de una decisión unilateral del empresario de efectos colectivos. Por el contrario, la modificación de las condiciones de trabajo establecidas en los convenios colectivos debe realizarse conforme a lo establecido en el ET art.82.3 (ET art.41.6).

d) La **decisión de modificación** de condiciones de trabajo, sea de carácter individual o colectivo, compete al empresario, quien puede imponerla aunque no haya acuerdo con la representación legal de los trabajadores. Sin embargo, la inaplicación de condiciones de trabajo no puede llevarse a efecto de forma unilateral por el empresario: es necesario el pacto o el laudo sustitutivo. Mientras que la **duración del descuelgue** no puede ir más allá del tiempo de aplicación del convenio, la vigencia de una MSCT no aparece legalmente limitada en su duración temporal.

e) Hay también diferencias respecto de la **impugnación** (plazos, modalidad procesal, etc.) y de las **consecuencias**. En determinados casos de MSCT el trabajador que resultase perjudicado puede rescindir su contrato percibiendo una indemnización de 20 días de salario por año de servicio prorrateándose por meses los períodos inferiores a un año y con un máximo de nueve meses (TS 3-7-19, EDJ 651253).

La mencionada **sentencia** añade la posibilidad de acogerse al descuelgue no permite en modo alguno la **inaplicación unilateral del convenio**, debiendo en todo caso agotarse el procedimiento legalmente establecido para alcanzar ese resultado. Así, de no alcanzarse acuerdo con la representación de los trabajadores legitimada, solo el agotamiento de las vías que el texto legal abre –como acudir a la comisión paritaria del convenio, a los procedimientos del ET art.83 en su caso, y, finalmente, a la correspondiente Comisión consultiva de convenios– pueden acabar por permitir a la empresa el apartamiento de la cláusula convencional controvertida, descartándose la adopción de medidas de descuelgue de forma unilateral. Así sucedía también en el caso del TS 6-5-15, EDJ 86993.

En un caso en que la alteración impuesta por la empresa **excede con mucho de lo permitido** por el ET art.41.2, exponiendo que aun cuando alguna de las medidas adoptadas por la empresa en relación con alguno de los colectivos trabajadores afectados pudiera tener encaje en el citado ET art.41.2, el conjunto de medidas no puede conllevar –como aquí acontece– la modificación de las condiciones de trabajo establecidas en los convenios colectivos regulados en el Título III del Estatuto de los Trabajadores (TS 11-12-13, EDJ 302040).

Por otra parte, específicamente con relación a las materias relativas al «**Sistema de remuneración y cuantía salarial**», el TS añade que de concurrir «causas económicas, técnicas, organizativas o de producción», podrían, en principio, ser **objeto de variación** indistintamente a través de los procedimientos regulados en el ET art.41 o en el art.82.3, con las diferencias en cuanto a la definición de las causas (más detalladas para el supuesto de inaplicación), a la legitimación para negociar por la representación de los trabajadores al ser más reducida en el ET art.82.3 («los representantes de los trabajadores legitimados para negociar un convenio colectivo conforme a lo previsto en el ET art.87.1») y el que, **en caso de desacuerdo**, el empresario no puede decidir unilateralmente la inaplicación del convenio a diferencia de lo que acontece en las modificaciones sustanciales. No obstante, existe una diferencia esencial que conduce a la necesaria aplicación de uno u otro cauce procedimental, la que deriva del título en el que está constituida la condición que se pretende modificar, pudiéndose acudir al procedimiento ex ET art.41 cuando las **condiciones estén reconocidas** a los trabajadores «en el contra- **1065** to de trabajo, en acuerdos o pactos colectivos o disfrutadas por estos en virtud de una decisión unilateral del empresario de efectos colectivos», pero debiéndose articular la modificación a través del cauce de inaplicación en la empresa las condiciones de trabajo previstas en el convenio colectivo aplicable, sea este de sector o de empresa, cuando, como expresamente dispone el ET art.41.6, se pretenda la modificación de las condiciones de trabajo establecidas en los convenios colectivos regulados en el Título III del Estatuto de los Trabajadores (TS 15-7-15, EDJ 269995).

Asimismo, debe tenerse en cuenta que la Sala IV ha entendido que los acuerdos de descuelgue no puedan tener **efectos retroactivos** (TS 16-9-15, EDJ 168204).

A su vez, debe tenerse en cuenta que la escasa relevancia del cambio, cuando no suponga la inaplicación de lo dispuesto en un convenio estatutario, puede formar parte del *ius variandi* empresarial (TS 25-5-13, EDJ 205641), pero si incide en la **regulación convencional**, en cualquiera de las materias que contempla el ET art.82.3, aunque sea de modo poco importante en términos cuantitativos, solo permite al empresario emplear la vía de este último precepto, transformado en nula cualesquiera decisión unilateral que lo ignore (TS 29-6-17, EDJ 143139).

b. Movilidad geográfica

1075 Debe distinguirse, en materia de **cambios de centro de trabajo**, entre aquellas modificaciones de condiciones que pueden integrarse en el *ius variandi* empresarial y las que constituyen verdaderas modificaciones sustanciales, declarando, entre otros extremos, que (TS 27-12-13, EDJ 292358):

a) El **criterio general**, establecido por la jurisprudencia unificadora, de distinción entre modificaciones sustanciales y accidentales consiste en que «por modificación sustancial de las condiciones de trabajo hay que entender aquellas de tal naturaleza que alteren y transformen los aspectos fundamentales de la relación laboral, entre ellas las previstas en la *lista ad exemplum* del ET art.41.2 pasando a ser otras distintas, de un modo notorio, mientras que cuando se trata de simples modificaciones accidentales estas no tienen dicha condición siendo manifestaciones del poder de dirección y del *ius variandi* empresarial» (TS 9-2-10, EDJ 14372);

b) El **traslado de centro** de trabajo sin cambio de domicilio y respetando la categoría y funciones, se viene considerando por la reiterada jurisprudencia de esta Sala como una modificación accidental de las condiciones de trabajo y encuadrable dentro de la potestad organizativa del empresario.

c) El cambio de centro de trabajo efectuado en el ámbito de una **misma localidad**... no reviste aquella esencialidad, sino cualidad accesoria, porque manteniéndose en su integridad todas las condiciones de trabajo de los trabajadores afectados, a excepción del lugar de prestación de servicios, la posible mayor onerosidad que puede determinar el desplazamiento al nuevo centro ofrece una importancia escasa o muy relativa en la significación económica del contrato, sobre todo en el contexto de una realidad social en la que destacan la calidad de los servicios de transporte y de la red viaria (TS 9-2-10, EDJ 14372).

d) Sobre la **noción** de «modificación sustancial», se ha interpretado que aunque en la aproximación a este concepto jurídico indeterminado haya de partirse de la base que proporciona el diccionario de la RAE, definiendo como sustancial lo que «constituye lo esencial y más importante de algo», y como accidental lo «no esencial», lo cierto es que los contornos difusos de tales descripciones han llevado a destacar la imposibilidad de trazar una noción dogmática de «modificación sustancial» y la conveniencia de acudir a **criterios empíricos de casuismo**, sosteniéndose al efecto por autorizada doctrina que es sustancial la variación que conjugando su intensidad y la materia sobre la que verse, sea realmente o potencialmente dañosa para el trabajador; o lo que es igual, para calificar la sustancialidad de una concreta modificación ha de ponderarse no solamente la materia sobre la que incida, sino también sus características, y ello desde la triple perspectiva de su importancia cualitativa, de su alcance temporal e incluso de las eventuales compensaciones.

En esta línea se orienta el TS 22-9-03, EDJ 127788 y 10-10-05, EDJ 197780 cuando recuerda que:

– el TS 3-4-95, EDJ 1547, declaraba la necesidad de que las modificaciones, para ser sustanciales, habían de producir **perjuicios al trabajador**; y

– cuando refieren que el TS 11-12-97, EDJ 9923 invocaba sus precedentes de 17/07/86 y 03/12/87 y afirmaba con ellos que por modificación sustancial de las condiciones de trabajo hay que entender aquellas de tal naturaleza que **alteren y transformen** los aspectos fundamentales de la relación laboral, entre ellas, las previstas en la lista *ad exemplum* del ET art.41.2 pasando a ser otras distintas, de un modo notorio (en el mismo sentido, TS 22-6-98, EDJ 7852);

– mientras que cuando se trata de **simples modificaciones accidentales**, estas no tienen dicha condición siendo manifestaciones del poder de dirección y del *ius variandi* empresarial; doctrina que reitera el TS 22-11-05, EDJ 214119, y

– asimismo se indicada en el TS 22-9-03, EDJ 127788 que para diferenciar entre sustancial y accidental es necesario tener en cuenta el **contexto convencional e individual**, la entidad del cambio, el nivel de perjuicio o el sacrificio que la alteración supone para los trabajadores afectados, por lo que –como ya había sostenido el TCT 17-3-86 «hay que acudir a una interpretación racional y entender por tal aquella que no es baladí y que implica para los trabajadores una mayor onerosidad con un perjuicio comprobable» (TS 26-4-06, EDJ 76734).

Un cambio de centro de trabajo al de **otra localidad** sin exigencia de cambio de residencia se encuentra dentro del *ius variandi* de la empresa (TS 15-6-21, EDJ 618776). La sentencia recurrida (que es revocada) entiende que el cambio de centro debe de considerarse un **auténtico traslado** cuando implica una distancia de más de 30 kms. o requiera al trabajador emplear un tiempo de desplazamiento de más del 25% de su jornada laboral; parámetros estos que obtiene de lo dispuesto en la LGSS art.301, párrafo tercero. Señala la sentencia recurrida que, en todo caso, se trata de un cambio que resulta manifiestamente gravoso y por ello la empresa debió de acudir al trámite del ET art.40. **1080**

La Sala IV en concreto afirma que el **cambio de residencia del trabajador** se configura como el elemento característico del traslado regulado en el ET art.40. Por ello, forma parte del poder de dirección del empresario la posibilidad de destinar al trabajador a otro centro de trabajo, cuando eso no supone cambio de residencia.

Un cambio de centro de trabajo sin incidencia en la residencia constituye una **modificación accidental** de las condiciones de trabajo que se encuadra dentro de la potestad organizativa del empresario. Por ello, tales cambios quedan amparados por el ordinario poder de dirección del empresario, tal y como aparece reglado en el ET art.5.1.c y 20; de lo que se extrae, por tanto, que no se hallan sujetos a procedimiento o justificación algunos. Así se sostiene en el TS 19-12-02, EDJ 61425; 18-3-03, EDJ 7162; 16-4-03, EDJ 15595; 19-4-4, EDJ 31808; 14-10-04, EDJ 234975; 26-4-06, EDJ 76734; 18-12-07, EDJ 274872; 5-12-08, EDJ 262202; 12-7-16, EDJ 118045 y 18-6-20, EDJ 618436, entre otras.

De esa jurisprudencia se concluye que, **a falta de una específica regulación** en el convenio colectivo que impusiera mayores exigencias, el marco legal no permite sostener que se esté ante un supuesto de modificación sustancial de las condiciones del contrato de los previstos en el ET art.40, al que remite el ET art.41.7, y condiciona el concepto a los supuestos, definitivos o temporales, de cambio de residencia. Por tanto, la **norma legal** no impone a las manifestaciones del poder de dirección ninguna exigencia de motivación causal ni otorga tampoco al trabajador afectado el derecho extintivo que sí le atribuye en las modificaciones sustanciales.

Con ello se rechaza la tesis de la sentencia recurrida que acude a un precepto ajeno por completo a lo que aquí se dilucida –el de «**colocación adecuada**» a los efectos del desempleo– para construir una noción de traslado distinta a la del ET art.40. Se trata de situaciones y figuras jurídicas diferentes respecto de las que la técnica analógica carece de operatividad.

1085 La **movilidad geográfica** que se trata (traslado del centro de trabajo a 13,4 km. de distancia) no puede calificarse ni obtener tratamiento de modificación sustancial, tanto desde una perspectiva sistemática como desde el plano conceptual (TS 26-4-06, EDJ 76734).

En concreto, pese a esta enumeración abierta no puede pasarse por alto que en su listado la norma no cita los **supuestos de movilidad geográfica** (en contra de lo que sucede en la funcional que excede de los límites del ET art.39.f). Contrariamente el ET art.41.5 se cuida de normar que «En materia de traslados se está a lo dispuesto en las normas específicas establecidas en el ET art.40», con lo que es evidente que la materia relativa a traslados –sea configurable o no como modificación sustancial– tiene un régimen jurídico diferenciado y de obligada aplicación.

Y desde el momento en que la movilidad geográfica que disciplina aquel precepto –ET art.40– exige **cambio de residencia** (TS 14-10-04, EDJ 234975; 27-12-99, EDJ 55552; 18-9-90, EDJ 8343; 5-6-90, EDJ 5921; 16-3-89, EDJ 3058), hasta el punto de que tal presupuesto se ha calificado de «elemento característico del supuesto de hecho del ET art.40.1» (TS 12-2-90, EDJ 1395) y de que la movilidad geográfica haya de considerarse «**débil o no sustancial**» cuando no exige «el cambio de residencia que es inherente al supuesto previsto en el ET art.40» (TS 18-3-03, EDJ 7162; 16-4-03, EDJ 15595; 27-12-99, EDJ 55552), con ello resulta obligado colegir que los supuestos de movilidad que no impliquen aquel cambio, bien de forma permanente, en el traslado; bien de forma temporal, en el desplazamiento, están amparados por el ordinario **poder de dirección del empresario** reglado en el ET art.5.1.c y 20, no estando sujetos a procedimiento o justificación algunos, a excepción del preceptivo informe del Comité de Empresa (ET art.64.1.4.b, para el supuesto de traslado –total o parcial– de las instalaciones).

Y no es otro el punto de vista mantenido por esta Sala en precedentes ocasiones, atribuyendo al regular **ejercicio de las facultades directivas** del empresario el tomar decisiones sobre movilidad geográfica que no determine necesaria variación del domicilio.

Como quiera que existe un **espacio de movilidad** sin regulación legal, ya que el ET art.39 solo disciplina los supuestos de movilidad funcional y el ET art.40 los de movilidad geográfica que exigen el cambio de residencia, algún sector de la **doctrina científica**, ha optado por incluir los cambios de puesto de trabajo desde un centro a otro sito en la misma localidad, como supuestos de movilidad funcional.

Tanto si se extiende dicha calificación de **movilidad funcional** a los citados cambios de centro, como si califica a estos, más propiamente, como casos de **movilidad geográfica** *lato sensu*, débil, o no sustancial por no llevar aparejado el cambio de residencia, es lo cierto que, en cualquier caso, quedan excluidos del ET art.40 y deben ser incardinados en la esfera del *ius variandi* del empresario (TS 27-12-99, EDJ 55552). En el mismo sentido, considerando tales supuestos como expresión del poder de dirección, el TS 19-12-02, EDJ 61425.

El **poder empresarial**, que ha de entenderse como *ius variandi* común, en tanto que facultad de especificación de la prestación laboral y de introducir en ella modificaciones accidentales, frente al especial que supone acordar las modificaciones sustanciales a que se refiere el ET art.41.

c. Suspensión del contrato y reducción temporal de la jornada

El empresario puede, de **forma unilateral**, reducir temporalmente la jornada o suspender los contratos de trabajo de la totalidad o de parte de su personal con base en causas ETOP (Económicas, Técnicas, Organizativas o de Producción), sin más requisito que el de seguir el **procedimiento específico** establecido para la adopción de estas medidas que se regula en el ET art.47, y al que debe sujetarse en todo caso, con independencia del volumen de la plantilla, del número de empleados afectados y sin necesidad de que se supere umbral alguno a diferencia de lo que sucede en el ámbito del despido colectivo. **1095**

Se trata de medidas preferibles a la extinción de las relaciones laborales y con las que se pretende el mantenimiento del empleo debiendo considerarse en todo caso preferible una medida de **suspensión temporal** de las relaciones laborales a la extinción de las mismas por vía de despidos individuales o colectivos, lo que sin duda es susceptible de originar un perjuicio mucho más grave a la esfera jurídica de los trabajadores, pretendiéndose con esta medida precisamente el mantenimiento del empleo, y siendo que la persecución de este designio o finalidad no ha quedado desvirtuada en el presente caso (TSJ Madrid 13-9-19, EDJ 718103).

La segunda razón es que, por su propia naturaleza, el ERTE atiende **situaciones coyunturales** y no estructurales y las causas esgrimidas por la empresa son «estructurales y no coyunturales», lo que hace que el ERTE promovido «no sea una medida idónea para superar las mismas». Además de que es cierto que el **ERTE** es una medida temporal que pretende superar una situación «coyuntural» (RD 1483/2012 art.16.3), esta segunda razón hace ver que, frente a lo que alega en el recurso de casación, la sentencia sí analiza las causas esgrimidas en el ERTE, concluyendo que, de conformidad con el propio razonamiento empresarial, son estructurales y no coyunturales. Igualmente, se hace una valoración de las causas esgrimidas por la empresa para el ERTE, cuando afirma que tales causas existían desde 2014 y solo se promueve el ERTE cuando se anuncia la huelga (TS 17-1-20, EDJ 635336).

Por lo tanto, al tratarse tanto de la suspensión de contratos como la reducción de la jornada de **medidas de flexibilidad de carácter temporal** es necesario que las causas que las justifiquen tengan un carácter coyuntural, de suerte que estas medidas no resultan idóneas para solventar situaciones de carácter estructural, con carácter general.

No obstante, la **doctrina científica y judicial**, a este respecto, ha venido a definir de modo ilustrativo que, para las reducciones de jornada por decisión del empresario, la vía ordinaria debe ser el procedimiento regulado en el ET art.47. Y que, en todo caso, «no parece decisivo para determinar el procedimiento a seguir el carácter temporal o definitivo de la reducción de jornada», (Federico Navarro Nieto).

Por un lado, el ET art.47 no delimita **qué temporalidad** debe revestir la medida de reducción de jornada. Por otro, en la doctrina judicial se diferencia formalmente el carácter temporal de la reducción de jornada prevista en el ET art.47 del carácter definitivo de la reducción de jornada del ET art.41 (TSJ Madrid 10-7-15, EDJ 142356).

Por lo tanto, la principal diferencia existente entre estas medidas y las MSCT es la temporalidad de la causa que la justifica.

d. Movilidad funcional

1105 Se considera movilidad funcional la **modificación de las funciones pactadas** en el contrato de trabajo, es decir, un cambio en el puesto de trabajo dentro de la misma empresa, que implique desarrollar funciones distintas a las originales. Pueden asignarse funciones superiores o inferiores a las correspondientes al grupo profesional del trabajador.

Para que un cambio de funciones se considere movilidad funcional debe cumplir los siguientes **requisitos**:

a) Exceder lo establecido en el ET art.20, referido a la **diligencia y colaboración en el trabajo** a que está obligado el trabajador respecto de las facultades de dirección de la empresa. También, las prestaciones recíprocas que se realicen de buena fe.

b) **Exceder los límites** previstos por el ET art.39.

c) Efectuarse de acuerdo a las **titulaciones académicas o profesionales** requeridas para la prestación laboral.

d) No menoscabar la **dignidad** del trabajador.

e) Existencia de razones **técnicas u organizativas** que lo justifiquen.

f) **Comunicación** de la modificación a los representantes de los trabajadores.

g) **Limitación en el tiempo**, ya sea el que fija el ET art.39 o los períodos acordados mediante la negociación colectiva.

h) Asignación al trabajador de la **retribución correspondiente** a las funciones que efectivamente cumpla si estas son de una categoría superior, así como mantenimiento del salario si corresponden a una categoría inferior.

i) **Acuerdo** de las partes o **sujeción al convenio** colectivo, para cambios no incluidos en el Estatuto de los Trabajadores.

Así el TSJ establece claramente la **diferenciación** entre movilidad funcional y MSCT ya que del análisis del precepto se puede llegar rápidamente a las siguientes **consideraciones**: 1110

a) Que el ET art.39.1 **habilita al empresario** más allá del simple ejercicio de su poder de dirección para que pueda adoptar los cambios funcionales que considere necesarios, siempre y cuando respete el límite legal, de ahí que si bien, puede superar la prestación debida inicialmente pactada en el contrato, su decisión no puede ir más allá de los límites que imponen las titulaciones académicas o profesionales necesarias para desempeñar la misma.

b) Fuera de estos límites, cualquier modificación debe considerarse sustancial, por lo que se debe entender que los supuestos contemplados en el ET art.39 párrafos 2 al 4, tienen esta naturaleza, que no queda desvirtuada porque tenga una permanencia más limitada a diferencia de las modificaciones que describe el ET art.41.

Dos son las **posibilidades de movilidad**, que se nos ofrece, una ascendente, que es la movilidad que se produce de una categoría inferior a una categoría superior, y la descendente, que es aquella que configura el pase de una categoría superior a realizar las funciones propias de una categoría inferior. En ambos casos el empresario, solo puede llevar a cabo la movilidad **si concurre causa** que lo justifique, no pudiendo servirse de cualquiera, sino que ha de ser una causa técnica u organizativa, y en ningún caso pueden tener el carácter de definitivas (TSJ Santa Cruz de Tenerife 26-12-18, EDJ 736285).

La modificación sustancial de las condiciones de trabajo es solo una más de las diferentes **medidas de flexibilidad interna** de que dispone el empresario y que ofrece la normativa estatutaria.

4. Ideas Clave

✓ Las modificaciones sustanciales de las condiciones de trabajo son un conjunto de medidas **implementadas de forma unilateral** por el empresario con una causa justificada y que constituye un cambio en las condiciones laborales del trabajador, de forma permanente y sustancial. 1115

✓ Los **elementos constitutivos** de la MSCT son:

– No es más que una alteración sobrevenida de alguno de los elementos básicos o de las principales condiciones de ejecución del contrato.

– Se trata de una verdadera excepción al principio *pacta sunt servanda*, y con ello, de una manifestación específica de la cláusula *rebus sic stantibus*.

– Es un cambio que puede decidir el empresario de manera unilateral.

– Constituye una medida de flexibilidad interna.

– Se encuentra sometida a unas exigencias de causa y de procedimiento (ET art.41).

– La MSCT se caracteriza por el grado de intensidad con que la causa repercute sobre la situación de la empresa.

– La MSCT ha de tener un carácter finalista.

✓ El ET recoge un **listado de condiciones** de la relación laboral que pueden ser alteradas por la empresa, no obstante, esta lista es «meramente ejemplificati-

1115 (sigue) va y no exhaustiva». Se trata de una lista abierta de las condiciones de trabajo que *ex lege* «tendrán la consideración» sustancial referida.

✓ El ET art.41.1, a) no incorpora **todas** las condiciones de trabajo que pueden ser objeto de modificación sustancial, y b) no toda modificación que afecta a alguna de las condiciones de trabajo listadas tiene **automáticamente** el carácter de sustancial.

✓ Para saber si una modificación es o no **sustancial** no queda más remedio que analizar en cada caso las circunstancias concurrentes, y recurrir a criterios empíricos de casuismo.

✓ Diferencia con **figuras afines**:

– **Descuelgue de convenio**: permite reducir o limitar alguno de los derechos recogidos en el convenio colectivo de aplicación (ET art.82).

– **Movilidad geográfica**: El traslado de centro de trabajo sin cambio de domicilio y respetando la categoría y funciones, se viene considerando como una modificación accidental de las condiciones de trabajo y encuadrable dentro de la potestad organizativa del empresario. Asimismo, el cambio de centro de trabajo efectuado en el ámbito de una misma localidad... no reviste aquella esencialidad, porque manteniéndose en su integridad todas las condiciones de trabajo de los trabajadores afectados, a excepción del lugar de prestación de servicios, la posible mayor onerosidad que puede determinar el desplazamiento al nuevo centro ofrece una importancia escasa o muy relativa en la significación económica del contrato, sobre todo en el contexto de una realidad social en la que destacan la calidad de los servicios de transporte y de la red viaria.

– **Suspensión** del contrato y **reducción** temporal de la jornada: El empresario puede, de forma unilateral, reducir temporalmente la jornada o suspender los contratos de trabajo de la totalidad o de parte de su personal con base en causas ETOP (Económicas, Técnicas, Organizativas o de Producción), sin más requisito que el de seguir el procedimiento específico establecido para la adopción de estas medidas que se regula en el ET art.47.

– **Movilidad funcional**: Se considera movilidad funcional la modificación de las funciones pactadas en el contrato de trabajo, es decir, un cambio en el puesto de trabajo dentro de la misma empresa, que implique desarrollar funciones distintas a las originales.

Capítulo 2. Carácter causal de la MSCT: causas objetivas

1. Cuestiones generales

La modificación de las condiciones laborales que aparecen enumeradas en el ET art.41 no acarrea irreversiblemente su consideración como sustancial, pues ello dependerá de la **intensidad del cambio producido** y de su **proyección temporal**. 2005

Es decir, no toda modificación realizada en cualquiera de las materias relacionadas en la citada lista merece necesariamente la consideración de sustancial, ya que la **calificación de sustancial** debe aplicarse a la modificación y no a la condición de trabajo.

La aplicación del ET art.41 se reserva para los supuestos en que el empresario introduce modificaciones sustanciales en las condiciones de trabajo de sus empleados, entendiéndose por tales las que sean de tal naturaleza que alteren y transformen los **aspectos fundamentales de la relación laboral**.

En este sentido, el **Tribunal Supremo** señala que la calificación de sustanciales de las modificaciones contractuales constituye un **concepto jurídico indeterminado** cuya precisa delimitación no está exenta de **polémica**. El Tribunal Central de Trabajo estimó que una interpretación racional de tal expresión obligaba a concluir que una modificación de las condiciones del contrato adquiere la categoría de sustancial cuando objetivamente implica una **mayor onerosidad** de la prestación de los trabajadores. Por modificación sustancial de las condiciones de trabajo hay que entender aquéllas de tal naturaleza que alteren y transformen los **aspectos fundamentales** de la relación laboral, entre ellas, las previstas en la lista *ad exemplum* del ET art.41.2 pasando a ser otras distintas, de un modo notorio, mientras que cuando se trata de simples **modificaciones accidentales**, éstas no tienen dicha condición siendo manifestaciones del poder de dirección y del *ius variandi* empresarial. La doctrina estima que ha de valorarse la **importancia cualitativa** de la modificación impuesta, su alcance temporal y las eventuales compensaciones pactadas, pues de tales circunstancias dependerá que la intensidad del sacrificio que se impone al trabajador haya de ser calificado como sustancial o accidental (TS 10-10-05, EDJ 197780).

Para que pueda procederse a la modificación sustancial de las condiciones de trabajo es preciso que concurran **causas económicas, técnicas, organizativas o de producción** que la justifiquen. 2010

Así lo entiende la doctrina jurisprudencial del TS, que colige que se mantienen los cuatro ámbitos de las **causas desencadenantes** y que siguen siendo (TS 17-9-12, EDJ 232753):

• los medios o instrumentos de producción (causas técnicas);
• los sistemas y métodos de trabajo del personal (causas organizativas);
• los productos o servicios que la empresa pretende colocar en el mercado (causas productivas); y
• los resultados de explotación (causas económicas, en sentido restringido).

Pero tal y como sigue señalando el TS, a diferencia del texto derogado, en lo que se refiere al tercer aspecto, en la **vigente redacción** no es preciso que las modificaciones tengan el objetivo acreditado –en conexión de funcionalidad o instrumentalidad– de prevenir una evolución negativa o mejorar la situación y perspectivas de la empresa, sino que basta con que las medidas estén relacionadas con la competitividad, productividad u organización técnica. Lo que nos sitúa ya en la cuestión realmente decisiva, cual es la del alcance que pueda tener el control judicial de la medida empresarial adoptada.

Sobre tal extremo se ha de indicar que la alusión legal a **conceptos macroeconómicos** (competitividad; productividad) o de **simple gestión empresarial** (organización técnica o del trabajo), y la supresión de las referencias valorativas existentes hasta la reforma (prevenir; y mejorar), no solamente inducen a pensar que el legislador orientó su reforma a potenciar la **libertad de empresa** y el *ius variandi* empresarial, en términos tales que dejan sin efecto nuestra jurisprudencia en torno a la restringidísima aplicación de la cláusula *rebus sic stantibus* en materia de obligaciones colectivas, sino que la novedosa redacción legal incluso pudiera llevar a entender –equivocadamente, a nuestro juicio– la eliminación de los criterios de razonabilidad y proporcionalidad judicialmente exigibles hasta la reforma, de manera que en la actual redacción de la norma el control judicial se encontraría limitado a verificar que las razones –y las modificaciones– guarden relación con la competitividad, productividad u organización técnica o del trabajo en la empresa (TS 17-9-12, EDJ 232753).

2015 Estas son causas que también permiten la **adopción de otras medidas** en la empresa, como:

– la suspensión de los contratos;
– la reducción temporal de jornada; o
– el despido colectivo.

Es el **empresario** quien ha de calibrar la incidencia e intensidad de esas causas y decantarse por la medida que produzca **menos impacto** en los trabajadores afectados y contribuya en mayor grado a la supervivencia y la mejora de la empresa.

En particular, cabe pensar que el empresario debe dar prioridad a **medidas de flexibilidad interna** frente a medidas de **extinción de los contratos** de trabajo, pero todo ello habrá de valorarse a la vista de las *circunstancias* concurrentes.

En este sentido, el **TS** explica que el ET art.41 configura las causas que justifican las modificaciones sustanciales de condiciones de trabajo cuando existan **probadas razones** económicas, técnicas, organizativas o de producción. Y añade que se considerarán tales las que estén **relacionadas con** la competitividad, productividad u organización técnica o del trabajo en la empresa. Quizás con mayor concreción, el ET art.51 vincula las causas organizativas, que fueron las alegadas por la empresa en la modificación sustancial que nos ocupa, a cuando se produzcan cambios, entre otros, en el ámbito de los sistemas y métodos de trabajo del personal o en el modo de organizar la producción (TS 9-7-20, EDJ 618812).

Además, la Sala señala que el **acceso a la jurisdicción** no puede sino entenderse en el sentido de que a los órganos jurisdiccionales les compete no solo emitir un juicio de legalidad en torno a la existencia de la causa alegada, sino también de razonable adecuación entre la causa acreditada y la modificación acordada; aparte, por supuesto, de que el Tribunal pueda apreciar –si concurriese– la posible vulneración de derechos fundamentales. Razonabilidad que no ha de entenderse en el sentido de exigir que la medida adoptada sea la óptima para conseguir el objetivo perseguido con ella –lo que es privativo de la dirección empresarial–, sino en el de que también se adecue idóneamente al mismo, excluyendo en todo caso que a través de la degradación de las condiciones de trabajo pueda llegarse –incluso– a lo que se ha llamado **dumping social**, habida cuenta de que si bien toda rebaja salarial implica una mayor competitividad, tampoco puede –sin más y por elemental justicia– ser admisible en cualesquiera términos.

Por otro lado, incumbe al **empresario** acreditar la concurrencia de la causa, así como la razonable adecuación entre la misma y las modificaciones que se pretenden llevar a cabo (TS 9-7-20, EDJ 618812).

Legalmente se consideran **razones justificadas** para la adopción de medidas de modificación sustancial todas aquellas que guarden relación con la competitividad, productividad u organización técnica o del trabajo en la empresa. **2020**

Dentro de esa fórmula legal se admiten **circunstancias y situaciones muy variadas**, desde la crisis económica o financiera hasta el reajuste de la producción a la vista de la evolución del mercado. Pueden ser situaciones negativas o, simplemente, situaciones que desde el punto de vista empresarial (de la buena marcha de la empresa en el contexto correspondiente) aconsejen o justifiquen un cambio de carácter técnico, organizativo o de producción. El empresario debe aportar prueba de esa ligazón entre las causas aducidas, las medidas adoptadas y los efectos pretendidos, pero los márgenes que legalmente se conceden para ello son bastante holgados. Habrá que probar ante todo una determinada estrategia empresarial de respuesta a una situación crítica o de mejora en el mercado.

Puede servir de **elemento interpretativo** en este contexto el alcance material o funcional que legalmente se atribuye a las causas económicas, técnicas, organizativas o de producción a propósito de otras posibles medidas de reestructuración o reorganización empresarial (despido, inaplicación del convenio colectivo, etc.), aunque tales reglas legales tengan un destino esencialmente distinto y no sean de aplicación directa en este caso.

La laxitud de la definición de las causas justificativas de la modificación en cuanto que no impiden un **control judicial pleno y efectivo** tanto de la concurrencia de la causa como de la justificación de la medida, no vulnera el derecho a la tutela judicial efectiva, según el **Tribunal Constitucional** (TCo 8/2015). A este respecto señala que el ET art.41 prevé la posibilidad de la modificación sustancial de las condiciones de trabajo cuando existan probadas razones económicas, técnicas, organizativas o de producción, aclarando después que se consideran como tales las que estén relacionadas con la competitividad, productividad u organización técnica del trabajo en la empresa. Esta definición actual de las **causas justificativas** tiene su **origen**, en una parte, en el antiguo art.41 del Estatuto de los Trabajadores (que permitía la modificación de las condiciones de trabajo cuando existiesen probadas razones técnicas, organizativas o productivas), y, en otra parte, en la modificación operada en ese art.41, por la L 11/1994 (que la permitía cuando concurriesen «probadas razones económicas, técnicas, organizativas o de producción).

Dicho lo que antecede, es necesario señalar que, en contra de lo que afirman los recurrentes en la sentencia analizada, la redacción del precepto impugnado no impide un control judicial pleno y efectivo, tanto de la **concurrencia de la causa** (cuya prueba, como señala el precepto, corresponde al empresario que adopta la medida), como de la **justificación de la modificación** realizada, convirtiendo el ejercicio de la facultad en una actuación reglada y, por tanto, no discrecional, de cara a evitar un uso empresarial torticero de la facultad otorgada. No cabe duda, además, que en la interpretación de la norma recurrida se puede tomar en consideración la definición de las razones económicas, técnicas, organizativas y de producción que se lleva a cabo en otros preceptos del Estatuto de los Trabajadores (en la redacción que les ha dado la propia L 3/2012, de 6 de julio), como son: el art.47 (en materia de suspensión del contrato o reducción de jornada), el art.51 (con relación al despido colectivo) o, en fin, el art.82.3 (respecto de la inaplicación de condiciones de trabajo pactadas en convenio colectivo). De esta manera, el legislador no sólo ha orientado suficientemente la labor del aplicador, sino que ha otorgado suficientes elementos valorativos para la realización de un control judicial de la aplicación de la norma, como se ha dicho, pleno y efectivo (TCo 8/2015).

2. Causas económicas

2025 Se entiende que concurre la causa económica cuando se produce una **disminución del nivel de ingresos** ordinarios o de **ventas** en relación con el año anterior. No se requiere una pérdida para la empresa, ni se exige que se produzca un riesgo para su continuidad hacia el futuro, ni tan siquiera que se comprometa su disponibilidad financiera como para hacer inviable para la misma el mantenimiento del conjunto de los puestos de trabajo, siendo suficiente para proceder a la modificación unilateral de las condiciones de trabajo el que la empresa se halle en una situación económica saneada, sin ningún atisbo de riesgo previsible sobre su continuidad o sobre su capacidad de mantener su volumen actual de empleo.

Muy ilustrativa es la sentencia de la AN, en el caso FNAC que, al respecto de la concurrencia de causa económica, entre las cuestiones dirimidas en el proceso judicial, señalaba que el ET art.41 no hace mención expresa a la previsión de pérdidas y se limita a reproducir el cuarteto de causas económicas, técnicas, organizativas y de producción. Éstas deben estar, en todo caso, apoyadas o fundamentadas en términos empresariales de competitividad, productividad u organización en la empresa y en el contexto en el que opera en el mercado de trabajo (AN 15-7-14, EDJ 112349).

Como el mismo tribunal advierte, para que concurra causa económica justificativa de una modificación sustancial no sería estrictamente necesaria la concurrencia de **pérdidas actuales o previstas**, porque una caída significativa de la cifra de negocios pudiera, en función de las circunstancias, ser suficiente (Ricardo Morón Prieto).

3. Causas productivas

Las causas productivas son aquellas directamente **relacionadas con el mercado**, es decir, son aquellas que se justifican en la adaptación de la producción de la empresa a las fluctuaciones de la propia demanda. Ponen en relación el ámbito interno de la empresa con el ámbito externo para evitar que la empresa pierda competitividad. Las causas productivas se relacionan con la capacidad de adaptación de la empresa a los cambios o modificaciones que necesariamente deben adoptarse para ir adecuando los bienes o servicios que produce la demanda que de ellos dicta el mercado. **2030**

4. Causas técnicas

Se entiende que existen causas técnicas cuando se produzcan cambios, entre otros, en el **ámbito de los medios** o **instrumentos de producción**. La concreción de la dificultades o problemas de gestión empresarial basados en estas causas se refleja normalmente en cifras o datos desfavorables de producción, o de costes de factores, o de explotación empresarial, tales como resultados negativos en las cuentas del balance, escasa productividad del trabajo, retraso tecnológico respecto de los competidores, obsolescencia o pérdida de cuota de mercado en los productos o servicios. **2040**

Las causas técnicas presuponen una inversión en la **renovación de los bienes de capital** que utiliza la empresa, y que repercuten en los puestos de trabajo directamente vinculados a tales medios, con el fin de ser más competitivos en el mercado y alcanzar mejores cuotas de productividad pasando de una maquinaria más obsoleta a otra más automatizada y moderna.

5. Causas organizativas

Cuando se habla de causas organizativas se hace referencia a la facultad de la empresa para **reorganizar** los **medios humanos** con los que cuenta. **2050**

Se **diferencia** de las **causas tecnológicas** en que aquí, en principio, no hace falta una inversión de capital, sino que se trata de hacer un cambio dentro de los propios métodos de trabajo con el fin de alinearlos a los objetivos de la empresa.

PRECISIONES Se puede hablar de un **cambio en la estructura** de un departamento, por ejemplo, distribuyendo la carga de trabajo por **zonas geográficas** en lugar de distribuirlo por unidades de negocio, pasando de una estructura piramidal a una estructura más plana, siempre y cuando dichas modificaciones tengan la suficiente sustancialidad como para calificarlas como MSCT. Se relacionan con la eficacia en la gestión de la mano de obra de la empresa, incluyendo los tiempos de trabajo.

Proporcionalidad de la medida A la vista de que el ET art.41 ha rebajado la exigencia de acreditar la proporcionalidad entre la **medida adoptada** y el **objetivo alcanzado**, se concede, por tanto, menor espacio al control judicial externo al ser más fáciles de fundamentar razones económicas o de producción que puedan justificar el ejercicio por el empleador de unos poderes que jurídicamente siguen siendo causales y extraordinarios. **2055**

Así lo ha entendido la **Audiencia Nacional** al establecer que la **nueva versión del ET art.41.1** ha limitado, aún más, el nivel de exigencia de la versión precedente, **2060**

2060 (sigue) que admitía la concurrencia de causas cuando la adopción de las medidas propuestas contribuya a prevenir una evolución negativa de la empresa o a mejorar la situación y perspectivas de la misma a través de una más adecuada organización de sus recursos, que favorezca su posición competitiva en el mercado o una mejor respuesta a las exigencias de la demanda, ya que ahora el precepto se limita a exigir la concurrencia de probadas razones económicas, técnicas, organizativas o de producción, entendiéndose como tales las que se relacionen con la competitividad, la productividad u organización técnica del trabajo en la empresa.

Asimismo, la AN cita la jurisprudencia del TS, por todas TS 17-5-05, EDJ 97633, que examinando la **versión original** del ET art.41, concluyó que la modificación sustancial **no** exigía, a diferencia de la extinción por causas económicas, la **concurrencia de pérdidas**; la interpretación literal del precepto inclina a pensar que no es la crisis empresarial sino la **mejora de la situación** de la empresa el punto de referencia de la justificación de las razones o causas en que se ha de apoyar la decisión empresarial modificativa de condiciones de trabajo. Se trata de que tal decisión, **favorezca** la **posición competitiva de la empresa**, o la eficacia del servicio prestado por la misma, o una y otra cosa a la vez, sin que haya de acreditarse la superación de vicisitudes negativas.

Esta conclusión, se confirma mediante la comparación de lo que ordena el ET art.41 con lo que mandan el ET art.51 y 52.c para el **despido colectivo** y para el **despido objetivo** por necesidades de la empresa, puesto que estos preceptos sí establecen una referencia mucho más estricta y limitada para considerar razonables las causas de estos dos supuestos legales de despidos económicos, imponiendo de manera expresa que las respectivas decisiones empresariales de despedir contribuyan a **objetivos más exigentes**:

– superar una situación económica negativa de la empresa (ET art.51, para las causas económicas en sentido estricto de los despidos colectivos);

– garantizar la viabilidad futura de la empresa y del empleo en la misma (ET art.51, para las causas técnicas, organizativas y de producción de los despidos colectivos);

– superar situaciones económicas negativas (ET art.52.c, para las causas económicas en sentido estricto de los despidos objetivos por necesidades de la empresa);

– superar las dificultades que impidan el buen funcionamiento de la empresa (ET art.52.c, para las causas técnicas, organizativas y de producción de los despidos objetivos por necesidades de la empresa).

Además, la Sala mantuvo que la razón sustantiva de un **tratamiento legal diferente** de las decisiones modificativas y extintivas radica en que los intereses en juego no son los mismos cuando la decisión empresarial supone la pérdida del empleo (**flexibilidad externa** o adaptación de la plantilla) que cuando significa un mero cambio en el modo o en las circunstancias de ejecución del trabajo (**flexibilidad interna** o adaptación de condiciones de trabajo). La distinta valoración o ponderación de estos intereses explica que la facultad de gestionar con flexibilidad interna la organización del trabajo, que es manifestación de la libertad de empresa y de la defensa de la productividad reconocidas en la Const art.38 se atribuya al empresario con márgenes más holgados que la facultad de flexibilidad externa o de reestructuración de la plantilla, la cual ha de encontrar un punto adecuado de equilibrio entre la libertad de empresa y el derecho al trabajo de los trabajadores despedidos reconocido en la Const art.35 (AN 28-5-12, EDJ 97633).

Facultad del empresario La distinta valoración o ponderación de los intereses en juego explica que la facultad de gestionar con flexibilidad interna la **organización del trabajo**, que es manifestación de la libertad de empresa y de la defensa de la productividad, se atribuya al empresario con márgenes más holgados, que la facultad de flexibilidad externa o de **reestructuración de la plantilla**, la cual ha de encontrar un punto adecuado de equilibrio entre la libertad de empresa y el derecho al trabajo de los trabajadores afectados. **2065**

Así, el Tribunal Supremo dispone que si se examina con detenimiento la medida adoptada se observan **dos elementos** decisivos en orden a su calificación (TS 20-1-14, EDJ 16474):

1. Se trata de una **medida meramente redistributiva** en el sentido de que la mejora de la empresa se obtiene únicamente de una nueva distribución de los rendimientos de su actividad entre los titulares del establecimiento empresarial y los trabajadores. Éstos empeoran en lo que aquéllos –o si se prefiere, la empresa– mejoran, sin que haya ningún dato objetivo –técnico, organizativo, productivo o económico– que justifique ese cambio en la distribución. Si se interpreta así el precepto legal, toda restricción de los derechos económicos de los trabajadores representará siempre una mejora que justificará la modificación, pues la mejora en sí misma se ha convertido en causa de la modificación en lo que no es más que un razonamiento circular. La justificación opera de manera distinta: hay un hecho objetivo susceptible de alterar el régimen de prestaciones del contrato –una innovación técnica, organizativa o productiva, un cambio de la coyuntura económica– y a partir de ese cambio (la actualización de la causa) la medida se justifica si se corresponde con ese cambio y si sirve al objetivo de mejorar la posición competitiva de la empresa o a prevenir una evolución negativa.

2. Respecto a los hechos que forman la causa en la que se quiere justificar la modificación, **no** se ha acreditado que se trate de **hechos sobrevenidos**. En efecto, no se muestra una evolución significativa ni del número de servicios, ni del coste de éstos, pues las series que se recogen en el hecho probado correspondiente son, muy cortas y además no registran cambios que revelen un empeoramiento en el período considerado. En cuanto a la **evolución de los precios**, hay un empeoramiento de la relación, pero dados los otros términos puede deberse a **circunstancias coyunturales** de ese año. Por otra parte, la evolución del precio puede deberse a causas ajenas a una utilización excesiva de los servicios.

No hay, por tanto, un hecho objetivo que pueda operar como causa, ni de existir se trataría de un hecho sobrevenido, con lo que tampoco hay propiamente una modificación relevante.

No obstante, cabe señalar que **no** existe una **discrecionalidad absoluta** del empresario, quien debe acreditar la concurrencia de circunstancias en su empresa, basadas en las causas reiteradas, que incidan en su competitividad, su productividad o su organización del trabajo, que justifiquen razonablemente las modificaciones propuestas, puesto que las modificaciones tienen por finalidad promocionar una mejora en la competitividad y en la productividad de la empresa, así como en la mejor organización de sus sistemas de trabajo. **2070**

PRECISIONES La AN expone que la tesis expuesta se ha mantenido firmemente en la jurisprudencia (TS 2-3-09; 16-5-11, EDJ 114218, defendiéndose que no es la

crisis empresarial sino la **mejora de la situación de la empresa** el punto de referencia de la justificación de las razones o causas en que se ha de apoyar la decisión empresarial modificativa, lo cual permite concluir que el nivel de exigencia probatoria de las modificaciones sustanciales será sustancialmente inferior a las extinciones por causas económicas, técnicas, organizativas o de producción. La **exigencia de probar** las razones económicas, técnicas, organizativas o de producción y su relación con la competitividad, la productividad u organización técnica del trabajo en la empresa, introducida por el RDL 3/2012 en la nueva versión del art.41 ET, revela que no existe una discrecionalidad absoluta del empresario (AN 11-11-13, EDJ 214910).

2075 **Control judicial** En esta materia, el control judicial no queda limitado a emitir un juicio de legalidad en torno a la existencia de la causa alegada, sino que también se debe valorar la razonable **adecuación** entre la **causa acreditada** y la **modificación acordada**, sin que ello signifique realizar juicios de oportunidad que indudablemente pertenecen al ámbito de la gestión empresarial. El control judicial debe basarse en **juicios de proporcionalidad** o razonabilidad por exigencias constitucionales, al ser la justicia un valor superior del ordenamiento y ser los tribunales garantes de la tutela judicial efectiva.

PRECISIONES En este sentido, el TS establece con respecto al control judicial de las decisiones empresariales modificativas de condiciones de trabajo que la cuestión radica en determinar si la medida en concreto acordada por la empresa se justifica también en términos del **juicio de razonable idoneidad** que a este Tribunal corresponde, y que por lo mismo ha de rechazar –por contraria a Derecho– la modificación que no ofrezca adecuada racionalidad, tanto por inadecuación a los fines –legales– que se pretenden conseguir, cuanto por inalcanzable, o por patente desproporción entre el objetivo que se persigue y los sacrificios que para los trabajadores comporta (TS 15-4-15, EDJ 86990; 25-3-14, EDJ 67264).

2080 Con **anterioridad** al RDL 3/2012, de medidas urgentes para la reforma del mercado laboral, el ET art.41 precisaba que tales causas habían de contribuir a mejorar la situación de la empresa a través de una más adecuada organización de sus recursos, que favorezca su posición competitiva en el mercado o una mejor respuesta a las exigencias de la demanda.

Para la **jurisprudencia** el punto de referencia de la justificación de las razones o causas de la modificación sustancial no se situaba en la crisis empresarial sino en la **mejora de la situación** de la empresa, pues, en contraposición con lo dispuesto en el ET art.51, se trataba únicamente de favorecer la posición competitiva de la empresa o la eficacia del servicio prestado por la misma, sin que haya de acreditarse la superación de vicisitudes negativas.

La sentencia del TS 16-11-12, EDJ 263611, es clarificadora y señala respecto a la sentencia recurrida que, tras hacer referencia a la regulación de las causas de modificación sustancial de las condiciones de trabajo, que establece el ET art.41.1, conforme al cual, se entiende que concurren las causas a que se refiere este artículo cuando la adopción de las medidas propuestas contribuya a **prevenir una evolución negativa** de la empresa o a **mejorar la situación** y perspectivas de la misma a través de una más adecuada organización de sus recursos, que favorezca su posición competitiva en el mercado o una mejor respuesta a las exigencias de la demanda, lo contrasta con el tenor del ET art.51.1.

A estos efectos, la empresa debe **acreditar** la concurrencia de alguna de las causas señaladas y **justificar** que de las mismas se deduce la razonabilidad de la **deci-**

sión extintiva para contribuir a prevenir una evolución negativa de la empresa o a mejorar la situación de la misma a través de una más adecuada organización de los recursos, que favorezca su posición competitiva en el mercado o una mejor respuesta a las exigencias de la demanda, para concluir en que la modificación sustancial de condiciones de trabajo es una herramienta interna, que tiene por finalidad evitar o impedir que los empresarios recurran a la flexibilidad externa ante situaciones de crisis. Es por tanto la mejora de la situación de la empresa la vara de medir o punto de referencia de la justificación de las razones o causas en que se ha de apoyar la decisión empresarial modificativa de condiciones de trabajo. Se trata únicamente de que tal decisión, mediante una más adecuada organización de los recursos, favorezca la posición competitiva de la empresa, o la eficacia del servicio prestado por la misma, o una y otra cosa a la vez, sin que haya de acreditarse la superación de vicisitudes negativas.

Esta **conclusión** se confirma mediante la comparación de lo que ordena el ET **2085**
art.41 con lo que mandan el ET art.51 y 52.c para el despido colectivo y para el despido objetivo por necesidades de la empresa. Estos preceptos sí establecen una referencia mucho más estricta y limitada para considerar razonables las causas de estos dos supuestos legales de despidos económicos, imponiendo de manera expresa que las respectivas decisiones empresariales de despedir contribuyan a objetivos más exigentes; a saber, bien a superar una situación económica negativa de la empresa (ET art.51, para las causas económicas en sentido estricto de los despidos colectivos), bien a garantizar la viabilidad futura de la empresa y del empleo en la misma (ET art.51, para las causas técnicas, organizativas y de producción de los despidos colectivos), bien a la superación de situaciones económicas negativas (ET art.52.c, para las causas económicas en sentido estricto de los despidos objetivos por necesidades de la empresa), bien a superar las dificultades que impidan el buen funcionamiento de la empresa (ET art.52.c, para las causas técnicas, organizativas y de producción de los despidos colectivos), bien a la superación de situaciones económicas negativas (ET art.52.c, para las causas económicas en sentido estricto de los despidos objetivos por necesidades de la empresa), bien a superar las dificultades que impidan el buen funcionamiento de la empresa (ET art.52.c, para las causas técnicas, organizativas y de producción de los despidos objetivos por necesidades de la empresa).

La razón sustantiva de un **tratamiento legal diferente** de las **decisiones modificativas** y **extintivas** radica en que los intereses en juego no son los mismos cuando la decisión empresarial supone la pérdida del empleo («flexibilidad externa» o «adaptación de la plantilla») que cuando significa un mero cambio en el modo o en las circunstancias de ejecución del trabajo («flexibilidad interna» o «adaptación de condiciones de trabajo»). La distinta valoración o ponderación de estos intereses explica que la facultad de gestionar con flexibilidad interna la organización del trabajo, que es manifestación de la libertad de empresa y de la defensa de la productividad reconocidas en la Const art.38, se atribuya al empresario con márgenes más holgados que la facultad de flexibilidad externa o de reestructuración de la plantilla (TS 16-11-12, EDJ 263611).

PRECISIONES Concurren **causas económicas** cuando de los resultados de la empresa se desprenda una situación económica negativa, en casos tales como la existencia de pérdidas actuales o previstas, o la disminución persistente de su nivel de ingresos, que puedan afectar a su viabilidad o a su capacidad de mantener el volumen de empleo. La empresa tiene que acreditar los resultados alegados y justificar que de los mismos se deduce la razonabilidad de la decisión extintiva para preservar o favorecer su posición competitiva en el mercado. Concurren **causas técnicas** cuando se produzcan cambios, entre otros, en el ámbito de los medios o instrumentos de producción; **causas organizativas** cuando se produzcan cambios, entre otros, en el ámbito de los sistemas y métodos de trabajo del personal y **causas productivas** cuando se produzcan cambios, entre otros, en la demanda de los productos o servicios que la empresa pretende colocar en el mercado (ET art.51.1).

2090 No es necesario que la empresa se encuentre en una **situación de emergencia**, o esté en peligro de subsistencia, pues basta que la modificación contribuya a **mejorar** la situación de la empresa en el mercado para que la medida esté justificada, por lo que su adopción cabe aunque el balance económico de la empresa pueda ser positivo o no exista peligro alguno sobre su futura viabilidad, ya que la ampliación que el ET art.41.1 concede a los poderes de dirección del empresario no se limita a las empresas en crisis y puede ser adoptada aunque la marcha de la empresa sea positiva y su balance económico favorable.

PRECISIONES Concurren las causas a que se refiere el ET art.41 cuando la adopción de las medidas propuestas contribuya a mejorar la situación de la empresa, a través de una más **adecuada organización de sus recursos**, que favorezca su posición competitiva en el mercado o una mejor respuesta a las exigencias de la demanda. Es decir, bastará que la modificación contribuya a mejorar la situación de la empresa en el mercado para que la medida esté justificada, por lo que su adopción cabe aunque el balance económico de la empresa pueda ser positivo o no exista peligro alguno sobre su futura viabilidad (TSJ Cataluña 17-11-00, EDJ 55788).

2095 En cualquier caso, la justificación no opera desde la mejora en sí misma sino a partir de la existencia de un **hecho objetivo** (una innovación técnica, organizativa o productiva, un cambio de coyuntura económica) susceptible de alterar el régimen de prestaciones del contrato.

A partir de ese cambio, la **medida se justifica** si se corresponde con ese cambio y si sirve de objetivo de mejorar la posición competitiva de la empresa o prevenir una evolución negativa.

2100 **Duración de la modificación** No hace alusión expresa el ET art.41 a la duración o la **dimensión temporal** de la modificación. La habilitación al empresario parece tener carácter temporal, puesto que se liga a razones que pueden ser coyunturales (una situación de crisis, por ejemplo). Pero formalmente no se cierra la posibilidad de que el cambio sea permanente, indefinido o de larga duración (como parece lo más propio de una reorganización tecnológica, una transformación del sistema productivo, o un cambio en el objeto de la producción).

La modificación puede establecerse *sine die*, sin que ello suponga ilegalidad alguna. El acuerdo podrá tener vocación de indefinición, pero no es indefinido y puede alterarse en un futuro dentro de los términos establecidos en la ley por voluntad de las partes.

PRECISIONES En cuanto a la **cuestión cronológica** (la ilegalidad del acuerdo por ser *sine die*), la sentencia recurrida razona también que en todo caso, con carácter general se dice que el acuerdo es ilegal por ser *sine die*. Ahora bien, en las modificaciones sustanciales no se establece un alcance temporal para la modificación, como ocurre en otros preceptos, por lo que en principio pueden establecerse *sine die*, sin que ello suponga ilegalidad alguna. La norma contenida en el ET art.41

mantiene una posición neutral y deja a las partes que fijen las modificaciones con un **alcance limitado** en el tiempo o indefinido (TS 9-6-15, EDJ 168188).

6. Ideas Clave

✓ La modificación de condiciones de trabajo no es sustancial cuando no parte de la iniciativa unilateral de la empresa, sino que responde al cumplimiento de un **mandato legal**. 2105

En este sentido, no obstante, la sentencia del TS 3-7-19, EDJ 651253. En el caso enjuiciado por el TS, que sigue el criterio de la sentencia recurrida de la AN, ambas entienden que, si bien es cierto que cuando la empresa tiene que cumplir con la legalidad vigente no es necesario acudir a la MSCT, no es menos cierto que por el hecho de que ITSS considere que exista una ilegalidad, ésta exista realmente, por lo que, en aquel supuesto, la sanción impuesta a la empresa por parte de la Inspección de Trabajo y Seguridad Social no fue suficiente para avalar la modificación llevada a cabo por la empresa.

✓ Si la modificación de condiciones de trabajo no es sustancial, sino meramente accidental, el empresario puede adoptarla a través del ejercicio regular de su **poder de dirección y organización** (*ius variandi*) ex ET art.5.c), 20.1 y 20.2.

✓ A la vista de lo dispuesto en el ET art.41.2.1°, la modificación sustancial de condiciones de trabajo se define por la concurrencia de un tercer elemento que se suma al tipo de condición de trabajo modificada e intensidad de la modificación, y es el instrumento que establece la **condición de trabajo**.

La modificación sustancial alcanza a condiciones de trabajo reconocidas a los trabajadores en virtud de:

- contrato de trabajo;
- acuerdo colectivo;
- pacto colectivo; o
- decisión unilateral del empresario de efectos colectivos.

✓ La **lista** de condiciones de trabajo susceptibles de modificación sustancial es **abierta** (ET art.41.1).

✓ Los cambios en las condiciones de trabajo que tengan carácter sustancial quedan sometidos al **procedimiento** previsto en ET art.41.

✓ El empresario debe acudir al procedimiento del ET art.41 cuando pretenda modificar condiciones de trabajo reconocidas en el contrato de trabajo, en acuerdos o pactos colectivos o disfrutadas por los trabajadores en virtud de una **decisión unilateral** del empresario de efectos colectivos.

✓ La decisión de modificación sustancial de condiciones de trabajo, sea de carácter individual o colectivo, compete al **empresario**, quien puede adoptarla unilateralmente aun cuando no alcance acuerdo con la representación legal de los trabajadores en el periodo de consultas.

✓ La modificación sustancial de condiciones de trabajo no cuenta con una **duración** máxima legal.

Capítulo 3. Caracterización general de la MSCT

1. Elementos constitutivos de la MSCT

(ET art.41)

El contrato de trabajo, como tal, se encuentra sujeto a la **teoría general de los contratos** del Código Civil y, por tanto, a sus principios rectores. Entre dichos principios resalta el principio de irrevocabilidad de los contratos por el cual estos deben cumplirse a tenor de lo fijado por los sujetos contratantes en el uso de su autonomía de la voluntad, ET art.3.1.c). Sin embargo, y conforme a esos mismos principios de la contratación, el contrato de trabajo es un negocio jurídico **de tracto sucesivo** que puede, y a menudo así sucede, sufrir cambios. 3005

Existen diferentes vías en nuestra legislación laboral que redundan en la posibilidad de **alterar las condiciones** inicialmente pactadas en el contrato de trabajo y que se conocen como medidas de flexibilidad interna que pueden aplicarse a través de novaciones del contrato mediante acuerdo entre los sujetos contratantes; esto es, trabajador y empresario; o bien, por imposición de este último, al amparo del poder de dirección empresarial o *ius variandi* contenido en el ET art.20.

Entre las medidas de flexibilidad interna previstas la norma estatutaria encontramos la modificación sustancial de las condiciones de trabajo en el ET art.41. La nota **característica principal** de la MSCT es la sustancialidad. «Solo los cambios en las condiciones de trabajo que tengan carácter sustancial quedan sometidos al procedimiento previsto en el ET art.41» (TS 3-4-18, EDJ 51387). Es decir, no toda alteración en las condiciones de trabajo tiene tal carácter y, por tanto, aquellas débiles o accidentales quedan fuera de la aplicación de los requisitos y prerrogativas del ET art.41.

De este modo, el **procedimiento** del ET art.41 puede ser empleado por el empresario para introducir modificaciones en las condiciones del contrato de trabajo que puedan ser consideradas como sustancial, atendiendo a la materia afectada entre las definidas en el precepto, u otras, como veremos.

Y, también son sustanciales aquellos **cambios en la relación laboral** que se puedan calificar de relevantes o significativos; es decir, que impliquen necesariamente un perjuicio en la esfera de derechos del trabajador y sus condiciones de trabajo.

La MSCT, es una **excepción** al principio *pacta sunt servanda* y, por ello, una manifestación específica de la cláusula *rebus sin stantibus* pues supone cambios en la prestación de servicios debidos del trabajador al empresario que, no obstante, deben apoyarse o motivarse en circunstancias sobrevenidas en el contexto en que opere el empresario en el mercado de trabajo.

Así, el empresario puede emplear esta medida de flexibilidad interna, como **medida menos lesiva** para los intereses de las personas trabajadoras como pudiera ser la extinción del contrato de trabajo, y adaptar las condiciones de la relación laboral apoyado en circunstancias objetivas de índole económico, técnico, organizativo o de producción.

La norma estatutaria facilita el **ajuste racional** de las estructuras productivas de la empresa a las circunstancias del mercado sobrevenidas, con el objetivo de procurar el mantenimiento del puesto de trabajo en lugar de su destrucción, lo que atiende a fines constitucionalmente legítimos, como son garantizar el derecho al trabajo de los ciudadanos, Const art.35.1, y la libertad de empresa y la defensa de la productividad Const art.38, como recoge *ad exemplum*, el TS 8-2-23, EDJ 513089.

Otro de los elementos definidores o constitutivos de la MSCT es, sin duda, la **intensidad del cambio** que pretenda emplearse. No todo cambio en las condiciones de trabajo es definido como sustancial y, por tanto, cambios temporales o pocos significativos en la esfera de la relación laboral pueden quedar al margen de las exigencias del procedimiento de modificación sustancial, ET art.41, quedando limitados a ese poder de dirección ordinario que permite el ET art.20.

Por último, la MSCT debe ser **útil y finalista**; esto es, debe servir de modo positivo al empresario para adaptar las condiciones de la empresa al contexto socioeconómico y superar una situación de crisis empresarial, pero siempre dando cumplimiento a las exigencias de causa y procedimiento definidos en la norma.

En definitiva, la MSCT es un mecanismo de flexibilidad interna cuyo **objetivo** no es otro que poder organizar los recursos humanos y factores productivos de tal forma que el empresario cumpla sus objetivos de la forma más competitiva y eficiente posible en el mercado de trabajo. E, igualmente, es importante destacar que el **perjuicio ocasionado** a la persona trabajadora debe ser proporcionado pues, de lo contrario, si el perjuicio fuera excesivo, el ET art.50 habilita a la persona trabajadora para solicitar la extinción del contrato de trabajo si la MSCT provoca menoscabo en su dignidad.

2. Alcance material de la modificación

(ET art.39, 41.1.2, 41.2 y 82.3)

3015 El empresario puede modificar, de **forma unilateral**, y siempre y cuando se observen las preceptivas exigencias de forma y procedimiento del precepto, las condiciones de trabajo de las personas trabajadoras (ET art.41).

Es importante desligar la MSCT de **otras instituciones o medidas de flexibilidad** interna afines como pueden ser la movilidad funcional (ET art.39) (nº 1105), los traslados o desplazamientos (ET art.40) (nº 1075), o la inaplicación de convenio colectivo (ET art.82.3) (nº 1055).

Y también de aquellas modificaciones en las condiciones de trabajo que no revistan sustancialidad y, por tanto, pertenezcan a la esfera del ***ius variandi* empresarial** por afectar a condiciones de trabajo distintas a las señaladas en ET art.41.1 o porque, afectando a estas, la modificación no cumpla con la intensidad o gravedad suficientes como para considerar la modificación de sustancial.

De hecho, este ha sido siempre uno de los principales problemas de la modificación sustancial de las condiciones de trabajo; la **falta de definición precisa** sobre su significado y alcance; esto es, definir qué se entiende por modificación sustancial de las condiciones de trabajo, pues el legislador, ya desde el ET de 1980 (L

8/1980), no estableció definición conceptual del término, lo que ha conllevado, y conlleva hoy día, una importante inseguridad jurídica, en contra del principio constitucional (Const art.9.3).

Y ello es fiel reflejo de que haya **Tribunales Superiores de Justicia** (TSJ) en nuestro país que una simple variación en el horario de entrada y salida al trabajo de media hora sea calificado como sustancial (TSJ País Vasco 16-7-19, EDJ 700804), y accidental al mismo tiempo (TSJ Aragón 5-10-23, EDJ 841872), pues estos atienden siempre a las circunstancias concurrentes en que opera el cambio de dichas condiciones de trabajo.

Sensu contrario, a lo largo de los años sí ha sido posible **definir criterios pacíficos** ante determinados supuestos de hecho, como, p.e., que el cambio de centro de trabajo que no implica cambio de residencia, manteniendo el trabajador incólumes el resto de sus condiciones laborales tales como categoría, funciones o nivel retributivo, no debe reputarse como sustancial.

Un cambio de centro de trabajo sin incidencia en la residencia constituye una **modificación accidental** de las condiciones de trabajo que se encuadra dentro de la potestad organizativa del empresario. Por ello, tales cambios quedan amparados por el ordinario poder de dirección del empresario, tal y como aparece reglado en el ET art.5.1.c y 20 (TS 15-6-21, EDJ 618776).

Elenco abierto de materias. «Numerus apertus» Atendiendo al **alcance material** de la MSCT, el ET art.41.1.2 afirma que tienen la consideración de **3020**
modificaciones sustanciales de las condiciones de trabajo, entre otras, las que afecten a las siguientes materias:

a) Jornada de trabajo.

b) Horario y distribución del tiempo de trabajo.

c) Régimen de trabajo a turnos.

d) Sistema de remuneración y cuantía salarial.

e) Sistema de trabajo y rendimiento.

f) Funciones, cuando excedan de los límites que para la movilidad funcional prevé el ET art.39.

El ET art.41 permite al empresario modificar las condiciones de trabajo de las personas trabajadoras sobre una determinada **enumeración o lista de materias**. Pero, lo primero que se advierte es que esta lista ofrecida por el precepto no es cerrada ni restrictiva o *numerus clausus*, sino que es posible modificar condiciones de trabajo que no se encuentren en dicho listado y, por tanto, se trata de una lista ejemplificativa y no exhaustiva o *numerus apertus*, como se ha encargado de definir de modo pacífico nuestra doctrina jurisprudencial desde antiguo (TS 3-4-95, EDJ 1547 y 9-4-01, EDJ 16048, entre otras).

De modo más reciente para **determinar el carácter** sustancial o no de la modificación no puede acudirse simplemente a la lista que incorpora el ET art.41.1 dado que se trata de una lista ejemplificativa y no exhaustiva de suerte que el mencionado listado no incorpora todas las modificaciones que pueden ser sustanciales ni tampoco atribuye el carácter de sustancial a toda modificación que afecte a alguna de las condiciones listadas; en definitiva, la aplicación del ET art.41 no está referida al hecho de que la condición sea sustancial, sino a la necesidad de que sea sustancial la modificación (TS 17-6-21, EDJ 620066).

Esto no es más que el fiel reflejo de la propia **redacción dada por el precepto** que, al recoger las materias que pueden verse afectadas por la modificación sustancial de las condiciones de trabajo, contiene la expresión «**entre otras**», dejando abierta la posibilidad al empresario de afectar otras materias relacionadas con el contrato de trabajo y la prestación de servicios de la persona trabajadora. Como se ha encargado de definir nuestra doctrina científica y judicial; «ni están todas las que son ni son todas las que están».

De esta forma, a la referencia a las **condiciones de trabajo** expresamente recogidas en las letras a) a f), hay que añadir cualesquiera otras distintas, «entre otras», pudiendo la empresa alterar otras condiciones de trabajo no previstas en el ET art.40.1. Pero sí hay que destacar que la enumeración contenida en el precepto **recoge la mayor parte** de las principales condiciones de trabajo como son la ordenación y distribución del tiempo de trabajo como jornada u horario; la remuneración salarial o las funciones.

3025 **Recientemente** numerosos pronunciamientos por parte de nuestros tribunales guardan relación con aquellas modificaciones sustanciales de condiciones de trabajo de las no enumeradas en el precepto estatutario, y que tienen que ver con el cada vez mayor peso de las **nuevas tecnologías** en nuestro mercado de trabajo y la importancia que adquieren, día a día, no solo en nuestra vida cotidiana o personal, sino el uso que de las mismas se efectúan en nuestra vida profesional y en la esfera de las relaciones laborales.

PRECISIONES Estas nuevas fórmulas de trabajo han ido irrumpiendo con mayor fuerza desde 2020 con motivo de la pandemia provocada por la **COVID-19**, fecha desde la cual el empleo de medios tecnológicos que han venido a facilitar el teletrabajo ha adquirido una dimensión importante, e implican nuevas formas de prestar servicios más propias del s. XXI.

3030 La **AN desestima** la calificación de modificación sustancial de las condiciones de trabajo la implantación de un nuevo sistema denominado ***smart job***, cuya finalidad es la combinación de trabajo presencial y teletrabajo. En un supuesto recogido en una sentencia, Ayesa Advanced Technologies, S.A., implantó un nuevo sistema de prestación de servicios, de carácter voluntario, por el cual se pretendía poner fin al régimen de teletrabajo impuesto con ocasión de la pandemia, y de carácter temporal y, en su lugar, establecer una nueva regulación híbrida que permitiera acudir a la oficina con cierta periodicidad y previa solicitud del trabajador a través de una app, organizándose la presencia en el centro de trabajo entre el propio personal por no disponer de puestos de trabajo físicos para toda la plantilla. Por tanto, el trabajador no siempre ocupa el mismo lugar físico ni coincide con los mismos compañeros en el centro de trabajo, siendo una nueva forma de organización de los espacios de trabajo denominado «**puestos calientes**» o *hot desk* (AN 27-7-21, EDJ 669615).

La pandemia ha resultado ser el **detonante definitivo e irreversible** para que las empresas acudan a nuevas fórmulas de organización del trabajo apoyadas en el uso de las nuevas tecnologías (Alberto Ayala Sánchez).

3035 **Origen de las condiciones alteradas** Es preciso conocer de dónde puede partir la alteración pues, hasta el momento, ha sido sobre todo del contrato de trabajo de entre las fuentes de la relación laboral, ET art.3.1.c.

Sin embargo, no es considerada sustancial únicamente aquellas condiciones que, originadas en el contrato de trabajo, pudieran ser alteradas, pues el ET art.41.2

permite que la modificación altere condiciones reconocidas, también, en **acuerdos o pactos colectivos** (que no tengan el carácter de estatutarios pues, para ello, la norma prevé el procedimiento de inaplicación de convenio, ET art.82), o aquellas **condiciones disfrutadas** por las personas trabajadoras en virtud de una decisión unilateral del empresario o, también, como aquellas derivadas por condición más beneficiosa o derechos que han podido ser adquiridos por los trabajadores por el transcurso del tiempo.

En caso de que se pretenda **alterar un convenio** de eficacia general y carácter normativo, el cauce para dejar de aplicar las condiciones en él recogidas tiene que ser vía o inaplicación de condiciones de carácter colectivo del ET art.82.3.

PRECISIONES Un ejemplo de estas **condiciones disfrutadas** el recogido por el TS en el «asunto propinas» en donde se indica que la propina actúa como una condición más beneficiosa que ha sido incorporada al acervo patrimonial de los empleados por la aceptación empresarial de la misma en el transcurso del tiempo, considerándose sustancial su supresión (TS 17-6-21, EDJ 620066).

3. Presupuesto del carácter sustancial de la modificación

Una modificación de las condiciones de trabajo es considerada o no sustancial **3045**
en función de las circunstancias concurrentes en cada caso. Siendo la casuística la imperante, hay que atender habitualmente al análisis de la modificación desde cuatro perspectivas principales:

- la **duración** de la modificación de las condiciones pactadas (temporal; pudiendo ser de mayor o menor duración; o definitiva);
- la relevancia de la **materia** sobre la que trate la modificación;
- la **intensidad** o alcance objetivo de la alteración; y
- las eventuales **compensaciones.**

La jurisprudencia entiende por modificación sustancial de las condiciones de trabajo aquellas medidas de tal naturaleza que **alteren y transformen los aspectos fundamentales** de la relación laboral, entre ellas, las previstas en la lista *ad exemplum* del ET art.41.1.2 pasando a ser otras distintas, de un modo notorio, mientras que cuando se trata de simples modificaciones accidentales, estas no tienen dicha condición siendo manifestaciones del poder de dirección y del *ius variandi* empresarial.

«**Ha de valorarse** la importancia cualitativa de la modificación impuesta, su alcance temporal y las eventuales compensaciones pactadas, pues de tales circunstancias depende que la intensidad del sacrificio que se impone al trabajador haya de ser calificado como sustancial o accidental, lo que conlleva que, en cada caso hay que analizar las circunstancias concurrentes» (TS 17-6-21, EDJ 620066, asunto propinas).

Nuestro **Alto Tribunal** siempre ha destacado la imposibilidad de trazar una noción dogmática de «modificación sustancial» y la conveniencia de acudir a criterios empíricos de casuismo, sosteniéndose al efecto por autorizada doctrina que es sustancial la variación que conjugando su intensidad y la materia sobre la que verse, sea real o potencialmente dañosa para el trabajador. Por todas, el TS 11-12-97, EDJ 9923; 22-9-03, EDJ 127788; 10-10-05, EDJ 197780; 26-4-06, EDJ 76734; 17-4-12, EDJ 89429; 25-11-15, EDJ 242646 o 12-9-16, EDJ 197703.

En la MSCT la **casuística** es la imperante pues para poder determinar si una modificación de las condiciones de trabajo es sustancial o no, se hace preciso discernir sobre los elementos del contrato que se modifican, las causas objetivas en las que se apoya el empresario para llevar a cabo la modificación, la intensidad del cambio en el seno de la relación laboral, así como el carácter temporal o definitivo del cambio.

Es decir, ha de valorarse la **importancia cualitativa y cuantitativa** de la modificación impuesta, su alcance temporal, así como las eventuales compensaciones pactadas, pues de dichas circunstancias depende que la intensidad del sacrificio que se impone al trabajador haya de ser calificado como sustancial o accidental, por lo que siempre hay que analizar las circunstancias concurrentes.

Estas circunstancias concurrentes a menudo pueden analizarse desde una óptica comparativa con la situación precedente al cambio. La modificación de condiciones de trabajo facilita el **ajuste racional de las estructuras productivas** empresariales a las circunstancias del mercado sobrevenidas por la variable situación económica y ello, no obstante, contribuye al mantenimiento del puesto de trabajo en lugar de su destrucción, por lo que esta medida de flexibilidad interna cumple fines constitucionales tales como el derecho al trabajo (Const art.35.1), la adopción de políticas orientadas al pleno empleo (Const art.40.1) o la libertad de empresa (Const art.38) (TS 29-11-17, EDJ 279532).

En definitiva, en cada caso hay que efectuar un **análisis de las circunstancias concurrentes**, las cuales determinan si el cambio en las condiciones de trabajo es sustancial y, por tanto, debe ceñirse a las prerrogativas y procedimiento del ET art.41 o si, por el contrario, se considera dentro de los márgenes del *ius variandi* empresarial, ex ET art.20.

5. Ideas Clave

3050 ✓ Existen diferentes vías en nuestra legislación laboral que redundan en la posibilidad de **alterar las condiciones** inicialmente pactadas en el contrato de trabajo y que se conocen como medidas de flexibilidad interna.

✓ Los **elementos constitutivos** de la MSCT son:

– No es más que una **alteración sobrevenida** de alguno de los elementos básicos o de las principales condiciones de ejecución del contrato.

– Se trata de una **verdadera excepción** al principio *pacta sunt servanda*, y con ello, de una manifestación específica de la cláusula *rebus sic stantibus*.

– Es un cambio que puede **decidir el empresario** de manera unilateral.

– Constituye una **medida de flexibilidad** interna.

– Se encuentra **sometida a unas exigencias** de causa y de procedimiento (ET art.41).

– La MSCT se caracteriza por el **grado de intensidad** con que la causa repercute sobre la situación de la empresa.

– La MSCT ha de tener un **carácter finalista**.

✓ El ET recoge un listado de condiciones de la relación laboral que pueden ser alteradas por la empresa, no obstante, esta lista es «meramente ejemplificativa y no exhaustiva». Se trata de una **lista abierta** de las condiciones de trabajo que *ex lege* «tendrán la consideración» sustancial referida.

✓ El ET art.41.1: **3050** (sigue)

a) **no incorpora todas** las condiciones de trabajo que pueden ser objeto de modificación sustancial; y

b) no toda modificación que afecta a alguna de las condiciones de trabajo listadas tiene **automáticamente** el carácter de sustancial.

✓ Una modificación de las condiciones de trabajo es considerada o no **sustancial** en función de las circunstancias concurrentes en cada caso. Siendo la casuística la imperante, hay que atender habitualmente a un análisis de la modificación desde cuatro perspectivas:

– La **duración** de la modificación de las condiciones pactadas en el contrato (pudiendo ser de mayor o menor durabilidad; o definitiva).

– La **relevancia** de la materia sobre la que trate la modificación.

– La **intensidad** o alcance objetivo de la alteración.

– Las eventuales **compensaciones** que se puedan adoptar con el objeto de minorar el impacto en la relación de trabajo.

Capítulo 4. Carácter sustancial o accidental de la MSCT. Casuística

4000

Para poder calificar un cambio en las condiciones de trabajo como sustancial se debe atender a diversos **parámetros** tales como: 4005

– la condición alterada;

– la importancia de la alteración;

– si la alteración tiene su origen en el contrato de trabajo o en un pacto colectivo o condición más beneficiosa; y

– el perjuicio o sacrificio que supone a la persona trabajadora, debiendo tomar en consideración si la empresa ofrece o no compensación.

PRECISIONES Como ejemplo sobre el concepto de MSCT se pueden citar diversas sentencias donde se sienta doctrina del **alcance** sobre qué significa que un **cambio** sea **sustancial** (TS 11-12-97, EDJ 9923; 22-9-03, EDJ 127788; 10-10-05, EDJ 197780; 26-4-06, EDJ 76734, 17-4-12, EDJ 89429; 25-11-15, EDJ 242646; 12-9-16, EDJ 197703)

No existe definición de modificación sustancial de las condiciones de trabajo, pudiendo sufrir alteraciones cualesquiera circunstancias de la relación laboral con mayor o menor precisión, lo que hace indispensable el análisis caso por caso y, por tanto, acudir a las **soluciones** que para los mismos ofrecen nuestros **tribunales**. 4010

1. Jornada de trabajo

La primera materia que regula de forma expresa el ET art.41, en el elenco de materias susceptibles de ser objeto de una modificación sustancial de las condiciones de trabajo, es la jornada de trabajo. La jornada de trabajo hace referencia al **período de tiempo**, medido en horas, días, semanas o meses, que el trabajador se encuentra a **disposición de la empresa** en el marco del contrato de trabajo. 4020

Lo más habitual es encontrar su cuantificación en horas en **cómputo semanal**, definiendo el ET la jornada máxima semanal de 40 horas para trabajadores a jornada completa y que, como sabemos, tiene visos de ser modificado próximamente por el legislador mediante la aprobación genérica de una jornada de 37,5 horas semanales para aquellas personas trabajadoras contratadas a tiempo completo (ET art.34).

Dentro de las variaciones que en materia de jornada pueda sufrir un trabajador, existe un **límite inalienable** recogido en el ET art.12 apartado 4.e), ya que la conversión de un trabajo a tiempo completo en un trabajo a tiempo parcial y viceversa tendrá siempre **carácter voluntario** para el trabajador y no se podrá imponer de forma unilateral o como consecuencia de una modificación sustancial de condiciones de trabajo al amparo de lo dispuesto en el ET art.41.1.a).

Las modificaciones de condiciones de trabajo más habituales relacionadas con la jornada de trabajo guardan relación con el tipo de jornada (jornada partida y jornada continuada), la **reducción** o **incremento de jornada**, así como su distribución o modificación del régimen de turnos de mañana, tarde, noche o rotativos.

PRECISIONES **1)** El TS avaló el cambio de **jornada partida** a **jornada continuada**, justificando la decisión en términos de razonabilidad e idoneidad de la medida que conllevaba una reducción de costes y mejor organización del trabajo. Los trabajadores de mantenimiento y conservación de carreteras de Castilla-La Mancha apenas disponían de una hora para el almuerzo por la cual percibían una indemnización por comida y complemento de jornada partida. Dado que los **trabajos** eran **itinerantes** ello suponía la obligación de trasladarse una vez recogidas las maquinarias y utensilios hasta un lugar adecuado donde efectuar la comida y, concluida ésta, regreso al puesto de trabajo. La empresa modificó la jornada para que ésta fuera continua, avalando el cambio el TS (TS 15-4-15, EDJ 86990).

2) También, en materia de jornada, se declara ajustada a derecho una **reducción de jornada intensiva** a los **meses de julio y agosto** cuando ésta venía disfrutándose desde el 15 de junio al 15 de septiembre (supresión de una mensualidad) por causa organizativa que venía impuesta en un pliego de prescripciones técnicas que regía el acuerdo marco para la contratación, en un supuesto de sucesión de contratas (TS 15-6-21, EDJ 609734).

4025 En relación con la jornada de trabajo, para las **reducciones de jornada de carácter temporal** el empresario debe acudir al procedimiento contemplado en el ET art.47 cuando concurran causas justificativas, no siendo permitido el procedimiento de MSCT con carácter general para las reducciones de jornada. Así, una reducción de jornada del 50% no es dable efectuarla a través del procedimiento del ET art.41 (TSJ Cataluña 10-7-98, EDJ 28101). Igualmente, una reducción de jornada a 35 horas semanales supone una **novación extintiva** del contrato de trabajo a jornada completa que se considera nula por no contar con el consentimiento de las personas trabajadoras afectadas Pues, no es posible la conversión de un contrato de trabajo a tiempo completo en un contrato de trabajo a tiempo parcial, si no es mediante la expresa y voluntaria aceptación por parte del trabajador (ET art.12 apartado 4.e).

La **doctrina judicial** ha venido a admitir la modificación sustancial de la jornada por parte de la empresa que pretende adecuar ésta a la fijada en **convenio colectivo** cuando, anteriormente, el trabajador venía disfrutando de una jornada laboral superior pactada en el contrato de trabajo.

PRECISIONES El TS estima la licitud de la MSCT cuando por parte de la empresa se pretende **incrementar la jornada de trabajo** con el objeto de adecuarla a la normativa convencional y, a su vez, dicho incremento conlleva una reducción proporcional del salario. Suponen medidas adecuadas con el objeto de evitar la pérdida de competitividad y el fin legítimo de mejorar los resultados de facturación de la compañía, percibiendo igualmente los trabajadores sus emolumentos por encima de lo fijado en las tablas salariales del convenio colectivo aplicable (TS 14-10-15, EDJ 244246).

En cuanto a la jornada como materia susceptible de ser afectada a través del procedimiento previsto en el ET art.41, recientemente se han pronunciado los tribunales sobre aquellas **modificaciones temporales** en materia de jornada ocasionadas con la declaración del **estado de alarma** en marzo de 2020, y que tienen su origen en la diversa normativa de urgencia dictada por los diferentes poderes legislativos de nuestro país. Así se declara la inexistencia de MSCT colectiva la modificación de jornada temporal notificada a través de las circulares dictadas por el departamento de Recursos Humanos del Departamento de Seguridad del Gobierno Vasco y del organismo autónomo Academia de Policía Vasca y Emergencias, y que afecta a la plantilla de personal laboral. Estas circulares dictadas por la Administración Autonómica de modificación temporal y excepcional de las condiciones de jornada y horarios del personal laboral, a consecuencia del COVID-19, se limitan a establecer las pautas para recuperar la normalidad en el desarrollo de las relaciones laborales que se vieron alteradas con la excepcional situación generada por la pandemia y la declaración del estado de alarma (TS 7-4-22, EDJ 544367). **4030**

2. Horario y distribución del tiempo de trabajo

La segunda de las condiciones que pueden ser objeto de modificación sustancial es la relativa al horario y distribución del tiempo de trabajo. **4040**

Se resuelve un conflicto colectivo planteado por Confederación Intersindical Galega (CIG), en la que se solicitaba se declarara la nulidad de la MSCT impuesta por la entidad bancaria BBVA que consistía en la **supresión unilateral del horario reducido** de los días 24, 31 de diciembre que las personas trabajadoras venían disfrutando desde hacía más de 20 años; fechas en las que en los centros de trabajo de las cuatro provincias gallegas, las personas trabajadoras podían finalizar su jornada a las 14 horas (en lugar de a las 15 horas), cerrando al público las oficinas a las 12.30 horas esos días con el objeto de o bien que los trabajadores se fuesen a sus domicilios, (los que vivían más lejos), o bien para poder ir a tomar algo todos juntos algún local cercano al centro de trabajo, para celebrar las fiestas de navidad, o año nuevo, o incluso con la misma finalidad festiva, hacerlo dentro de las propias oficinas del mismo banco. El tiempo de **trabajo adelantado** en esas jornadas, respecto del **horario ordinario** de 8 a 15 horas, tenía carácter retribuido y no recuperable. Pues bien, la cuestión a resolver por la Sala IV se centraba en si las personas trabajadoras de la entidad bancaria habían adquirido como **condición más beneficiosa** el derecho a anticipar a las 12,30 h la finalización de su jornada de trabajo los días 24 y 31 de diciembre, y en función de ello, calificar como modificación sustancial de condiciones de trabajo la decisión de la empleadora de suprimirlo.

El TS resuelve que descartado que la **dirección de la empresa** pudiere desconocerla, de todo ello se evidencia el reconocimiento del derecho a anticipar el cese de la jornada en esas dos concretas fechas, existiendo de esta forma una condición más beneficiosa de carácter colectivo cuya supresión por la empresa hubiere exigido acudir a los trámites del ET art.41 para la modificación sustancial de condiciones de trabajo (TS 22-11-23, EDJ 763839).

Se observa que en el supuesto recogido por la sentencia, la fuente de la condición trae causa de una condición más beneficiosa.

4045 En cuanto a la **distribución del tiempo de trabajo**, son habituales los cambios en el calendario laboral en supuestos de sucesiones de empresa o derivados de la aplicación convencional. Se reputa sustancial el cambio en el calendario laboral con **adelanto del horario de entrada** a la mañana y retraso del horario de salida a la tarde (26 minutos) por incidir en la conciliación de la vida laboral y familiar de la trabajadora de la Consejería de Derechos Sociales, Igualdad, Diversidad y Juventud (TSJ Las Palmas 27-5-22, EDJ 733197).

Se considera también sustancial la nueva distribución de jornada que obliga a la trabajadora a prestar servicios más de quince **domingos y festivos al año**, por aplicación de lo dispuesto en el Convenio Colectivo de Grandes Almacenes. Sin embargo, en el contrato de trabajo había pactados un número de días a trabajar en domingo y festivos (más favorables para la trabajadora) que la establecida en la norma convencional, y que la empresa no puede ignorar o suprimir unilateralmente.

En este caso, la decisión de la empresa afectaba a la jornada de la trabajadora a desarrollar en domingos y festivos, que estaba pactada en el contrato de trabajo, y a su distribución, imponiendo la obligación de trabajar más de 15 domingos o festivos, en el año 2015, cuando en el contrato de trabajo consta una **cláusula limitativa** de tal obligación y la misma, por consiguiente, constituye una modificación sustancial de las condiciones de trabajo (TSJ Madrid 28-10-20, EDJ 758867).

La **reducción de jornada** laboral al **inicio del curso escolar** de los profesores de religión (respecto del año precedente), para adecuarla a las necesidades docentes del centro educativo, no constituye modificación sustancial de las condiciones de trabajo pues, entre otros motivos, viene amparada tal posibilidad en la propia normativa aplicable a dichos profesores; en concreto, en la O 26-6-08 del Departamento de Educación, Cultura y Deporte (BOA de 15 de julio), que regula las condiciones y el procedimiento de provisión de puestos para impartir la enseñanza de religión en los centros docentes de titularidad pública y donde, el art.4 expresamente admite la posibilidad de los cambios horarios señalando que con anterioridad al inicio de cada curso escolar, los Servicios Provinciales del Departamento competente en materia educativa, de acuerdo con las necesidades de los centros y la **planificación escolar**, determinarán las horas necesarias para impartir la enseñanza de religión de las diferentes confesiones. Las mismas se agruparán en la medida de lo posible en dotaciones completas, constituyendo estas agrupaciones la posición o puesto de trabajo que ocupará el profesor de enseñanza de religión.

Por tal motivo, el TSJ concluye que el anterior régimen normativo y jurisprudencial determina que la jornada de los profesores puede ser alterada a lo largo de la relación laboral, pues la Administración competente, al inicio de cada curso, teniendo en cuenta las **necesidades de los centros**, puede determinar para cada profesor una diferente jornada de la seguida en el curso anterior sin necesidad de acudir a las normas sobre modificación sustancial de condiciones de trabajo establecidas en el ET art.41, puesto que esa posible variación de la jornada constituye una característica de este tipo de contratos, en atención a las necesidades educativas de los centros (TSJ Aragón 10-9-21, EDJ 742022).

3. Régimen de trabajo a turnos

La tercera de las condiciones contempladas en el ET art.41.1 es el régimen de trabajo a turnos. Esta modalidad implica la **rotación de los trabajadores** en diferentes horarios de mañana, tarde o noche, según se encuentre establecido, habitualmente, en las normas convencionales de aplicación. **4055**

Dentro de la **casuística** de los **Tribunales** destacan las siguientes sentencias:

1. Se confirma el derecho del trabajador a rescindir el contrato de trabajo ex ET art.41.3, al haber sufrido una modificación en los turnos de trabajo pues éste prestaba servicios en **turno fijo de mañana**, notificándole la empresa la adscripción a turnos rotativos de mañana y tarde que afectaban a sus estudios universitarios que, previamente, había puesto en conocimiento de la empresa. El trabajador cursaba estudio s universitarios y acudía a clases por las tardes (TSJ Galicia 11-11-20, EDJ 757560).

Ante una primera negativa del trabajador al cambio por los turnos rotativos, la empresa procedió a comunicar la baja voluntaria del trabajador en seguridad social, amén de no reconocer la medida como una MSCT que diera derecho a rescindir el contrato de trabajo con derecho a la indemnización de veinte días de salario por año de servicio, prorrateándose por meses los periodos inferiores a un año y con un máximo de nueve meses.

Señala el Tribunal que dicha modificación **perjudica** de forma clara y directa las posibilidades de formación del actor que no podrá acudir a las clases de estudios universitarios en que se encuentra matriculado cuando le corresponda el turno de tarde y cuando le corresponda el de mañana perderá, al menos la primera clase, ya que su horario de clases es de tarde siempre y se inicia antes de finalizar el turno de mañana, el perjuicio es obvio y presenta relación directa con la modificación del trabajo, tal perjuicio no es hipotético o posible sino real y evidente por lo que conforme a la doctrina contenida en el TS 18-3-96, 18-7-96, entre otras, el cambio al sistema de turnos realmente le impide continuar con sus estudios universitarios.

2. Se declara como sustancial la modificación del sistema de turnos debiendo realizar noches y rotando en períodos de seis semanas de mañana, seis semanas de tarde y seis semanas de noche, frente a una **rotación quincenal** que no implicaba turnos nocturnos. La modificación de condiciones de trabajo operada por la empresa es de carácter sustancial, porque afecta a una de las materias (trabajo a turnos) expresamente recogida en el ET art.41.1, y afecta a aspectos esenciales de la relación laboral, como es el modo en que se desarrolla la misma, al introducir el desarrollo de la prestación laboral por la noche y la rotación de turnos en periodos de seis semanas, cuando con anterioridad a la modificación la actora no realizaba noches y la rotación de turnos era quincenal (TSJ Castilla-La Mancha 25-1-19, EDJ 567055).

3. Si la modificación del régimen de trabajo a turnos viene avalada por un **reconocimiento médico** del servicio de prevención que detecta la necesidad de que el trabajador no realice trabajos en el turno de noche por **motivos de salud**, no se considera sustancial, por ajustarse a la normativa de prevención de riesgos laborales. Dicha doctrina del Alto Tribunal Supremo es seguida por el TSJ País Vasco 7-1-20, EDJ 564280; o TSJ Cataluña 25-5-20, EDJ 639979 (TS 18-12-13, EDJ 280899).

4. Sistema de remuneración y cuantía salarial

4065 Se contiene, entre las materias que *ad exemplum* pueden ser afectadas por vía de modificación sustancial, las relativas al sistema de remuneración y cuantía salarial (ET art.41.1.d). Esta última referencia a la cuantía salarial fue introducida por la L 3/2012, en una época en la que la doctrina científica discutía si dentro del concepto sistema de remuneración era posible incluir modificaciones en la **cuantía del salario** de las personas trabajadoras.

Lo cierto es que, con el transcurso de los años, el ET art.41.1.d) ha servido para que en la práctica se incluyan en él modificaciones sustanciales relacionadas con las **mejoras voluntarias** o sobre **aportaciones a los planes de pensiones**. Entre éstas últimas han sido multitud los conflictos colectivos originados desde la crisis inmobiliaria de 2007 en adelante en la que, aparte de las dificultades económicas por todos conocidas, las entidades bancarias comenzaron varios procesos de fusiones por absorción, teniendo que ajustar las diferentes condiciones que sobre planes de pensiones mantenían los propios empleados de una misma entidad bancaria, pero provenientes de otras. Así pues, las sentencias dictadas tanto por los TSJ, Audiencia Nacional y Tribunal Supremo se han ido sucediendo con motivo de los habituales acuerdos de naturaleza colectiva de las entidades bancarias dirigidos a suspender las aportaciones a los planes de pensiones de sus empleados, activos y pasivos, por diferentes motivos, o incluso vinculados a medidas de reestructuración, y en atención al contexto y a las circunstancias que terminaban pactándose, o no, con la representación legal y sindical.

PRECISIONES **1)** El TS aplica doctrina del TS Pleno 18-1-23, EDJ 501163 y 19-1-23, EDJ 526728, y mantienen la línea de lo declarado en el TS 18-11-15, EDJ 253747 en la que se declaró la validez de lo acordado en materia de **suspensión de aportaciones a los Planes de Pensiones** de Banco Castilla-La Mancha, posteriormente Liberbank, S.A., tras la fusión por absorción de esta última. Las aportaciones a los planes de pensiones forman parte incuestionable de la masa salarial en tanto que teniendo finalidad percibir rentas para atender las contingencias previstas en el LPFP art.1, constituyen gastos de acción social (TS 25-1-24, EDJ 503232).

2) En relación a Liberbank, S.A., son de suma importancia las sentencias de la AN, que admitieron la posibilidad de acudir al procedimiento de modificación sustancial para la supresión o variación, según las circunstancias del caso, de las **mejoras voluntarias pactadas individualmente** (AN 26-5-14, EDJ 76057; 2-12-13, EDJ 248559).

4070 Es la propia normativa del sector reflejada en la Ley de Planes y Fondos de Pensiones, LPFP art.6.3, la que permite el acuerdo colectivo entre empresa y RLPT para poder alterar o modificar las especificaciones de los planes de pensiones. El Alto Tribunal termina señalando que el hecho de que determinados Planes de Pensiones silencien la posibilidad de ser modificados, alterados o suprimidos vía negociación colectiva, no excluye que el empresario pueda acudir a las reglas generales sobre MSCT del ET art.41 e, incluso, a las de inaplicación de convenios colectivos, ET art.82.3.

Al margen de las mejoras voluntarias o aportaciones a los planes de pensiones, la doctrina judicial ha venido admitiendo que bajo el paraguas de sistema de remuneración deben incluirse no sólo aquellas **percepciones de naturaleza salarial**, sino también percepciones **extrasalariales** o compensatorias recibidas por el trabajador con ocasión de su prestación de servicios.

La **lista** es bien extensa, pudiendo definir como modificación **sustancial** (Poquet Catalá, Raquel): **4075**

– la transformación de percepciones de kilometraje en renting (TS 4-4-06, EDJ 712777);

– vales de transporte (TS 27-6-05, EDJ 117024);

– alteración en la forma de compensar los gastos de desplazamiento (TS 12-9-16, EDJ 197703);

– reducción salarial del 7% durante un año (TS 15-11-17, EDJ 279512); y

– supresión del plus de productividad (TSJ C.Valenciana 10-11-11, EDJ 311105).

Por su parte, **no es sustancial**, entre otras muchas sentencias que abordan las innumerables vicisitudes que afloran en relación con el sistema de remuneración y cuantía salarial, las siguientes:

– la suspensión temporal del sistema de primas (TSJ La Rioja 9-12-11, EDJ 303984);

– la imposición de nuevos criterios para la determinación del complemento personal voluntario en su concesión y cuantía (TS 22-6-1998, EDJ 7852).

Doctrina jurisprudencial Existe una sentencia del TS que por su sistematización y lógica didáctica se ha de destacar, donde se efectúa un verdadero repaso por la doctrina jurisprudencial de la Sala IV acerca de cuándo se ha considerado como modificación sustancial una modificación unilateral de la empresa que afectaba al sistema de remuneración o a la cuantía salarial (TS 22-7-22, EDJ 645929). Se hace eco de la misma, el TSJ Galicia 13-2-13, EDJ 575942. **4080**

Entre la doctrina jurisprudencial del **Tribunal Supremo** sobre el sistema de remuneración y cuantía salarial destacamos, en referencia a la sentencia:

1. Sí **es sustancial**:

a) Se considera modificación sustancial del sistema de remuneración la supresión de la **ayuda comida** y del **plus transporte**, aumentando a cambio los incentivos (TS 27-6-05, EDJ 117024).

b) Se considera modificación sustancial del sistema de remuneración la supresión del sistema de liquidación del **kilometraje**, sustituyéndolo con carácter obligatorio por el sistema de renting (TS 4-4-06, EDJ 71277).

c) El trabajador percibía, sin condicionamiento alguno, el 40% mensual fijo de la **retribución variable**, que no se le llegaba a descontar aun cuando no consiguiera alcanzar los objetivos empresariales previstos. Ese 40% suponía para el trabajador la cantidad de 573,15 euros al mes. Se consideró una modificación sustancial de las condiciones del sistema retributivo el acuerdo de la empresa en virtud del cual, para que el trabajador tuviera derecho a percibir ese anticipo de la cantidad variable mensual, tendría que acreditar la venta, cuando menos, de 500 cajas del conjunto de marcas del grupo durante el mes anterior (TS 20-1-09, EDJ 11815).

d) Es modificación sustancial la variación introducida en el pago del denominado **plus función** consistente en transformar el sistema de cuantía fija en una escala de importes predeterminados conforme al grado de cumplimiento de objetivos por cada oficina (TS 20-1-09, EDJ 15241).

e) Se considera modificación sustancial la disminución de la cuantía del llamado **bono**: un complemento salarial variable que venía disfrutando desde hacía años el conjunto del personal de la empresa (TS 19-9-11, EDJ 225560).

f) Es modificación sustancial la eliminación de un 10% del **salario fijo** y su sustitución por una **aleatoria paga de beneficios** que dependía de que la empresa tuviera un «resultado contable cero» y que, incluso en el caso de que se diera tal resultado, no garantizaba el cobro de ese 10% si ello implicaba la alteración del mismo (TS 5-6-12, EDJ 205650).

g) Se consideró modificación sustancial un supuesto en el que los trabajadores percibían una **menor retribución**. Este tribunal argumentó: no hay duda de que la modificación de la cuantía salarial, afecta al núcleo duro, básico, esencial y definitorio de la misma esencia o naturaleza laboral del contrato, de tal modo que, teniendo el derecho del trabajador a una remuneración suficiente para satisfacer sus necesidades y las de su familia (TS 12-6-13, EDJ 134450).

h) Es modificación sustancial el cambio en virtud del cual la empresa dejó de abonar las **comisiones** desde la primera venta y pasó a abonarlas solamente si la tienda donde se prestaban servicios cumplía los presupuestos fijados por la cadena (TS 27-1-14, EDJ 17352).

i) Es modificación sustancial la **reducción** definitiva del 10 por ciento de los **complementos personales** (TS 15-7-15, EDJ 269995).

j) Se considera modificación sustancial la **sustitución de la partida retributiva** anual en **cuantía fija** de 473 euros, incluida en la nómina como «Campaña Navidades Reyes», abonada por la participación del trabajador en dichas campañas. En la Navidad de 2015-2016 no se abonó a la totalidad del personal, ni tampoco en su integridad, habiendo manifestado la empresa que se decidió asignar un 20% a la actitud, un 50% por el sobreesfuerzo en campaña realizándose 20 horas/extras, y un 30% a porcentaje de crecimiento de ventas del último semestre (TS 28-1-20, EDJ 507753).

k) Es modificación sustancial una modificación de las **retribuciones variables** que comportaba una potencial y relevante disminución de la masa salarial de los trabajadores, utilizada para el cálculo de sus objetivos individuales (TS 19-2-20, EDJ 550165).

l) Se considera modificación sustancial de condiciones de trabajo la variación del sistema de cálculo de la retribución por incentivos (TS 29-3-22, EDJ 536113).

4085 **2. No es sustancial**:

a) La empresa procedió a la deflación del escalado de **comisiones** aplicables a unos vendedores, en la misma proporción que las **subidas de tarifas**, reservándose la empresa la facultad de adoptar esta medida en caso de futuras subidas de tarifas que pudieran producirse con ocasión de la evolución de los precios del acero (TS 22-11-05, EDJ 214119).

b) Se negó que se hubiera producido una modificación sustancial del sistema retributivo en un supuesto en el que la empresa había publicado una circular según la cual, para los Mandos Superiores, que estaban excluidos del convenio colectivo, y con objeto de conseguir determinados resultados, se estableció que se aplicaría un **incremento salarial** a partir de la nómina del mes de abril y para compensar el aplazamiento se mejoraba el incremento salarial establecido en el convenio (TS 17-11-08, EDJ 272967).

c) Se niega que sea una modificación sustancial de condiciones de trabajo el establecimiento de un **plan de retribuciones variables** de 2012 que mantenía el sistema de retribuciones variables, variando únicamente los objetivos para dicha anualidad, al igual que lo hicieron en los años precedentes, sin que se hubiera acreditado que dichos objetivos no pudieran conseguirse o fueran inalcanzables, ni que se hubieran fijado de modo irrazonable, inidóneo, arbitrario, desproporcionado o con vulneración de la dignidad o de los derechos fundamentales de los afectados (TS 25-3-14, EDJ 67264).

d) Se analiza el sistema de cálculo de la **retribución variable por incentivos**, determinando que la modificación operada en el sistema de fijación de objetivos a efectos del cálculo de la retribución por incentivos, a pesar de que podría comprenderse perfectamente en los apartados d) y e) del ET art.41, no puede ser calificada como sustancial, habida cuenta de que con ella no se produce una transformación de ningún aspecto fundamental de la relación laboral ya que no sólo es de escasa trascendencia sino que no afecta, decisivamente, a ninguna de las condiciones básicas del contrato ni a su propio objeto. Se trata de una **pequeña modificación** de los objetivos mensuales que se circunscribe a cinco días concretos, en el marco de una campaña de ventas decisiva cuantitativa y cualitativamente; modificación de la que se desconoce –porque no ha sido objeto de prueba, ni siquiera de controversia su importe exacto y que no afecta al sistema ordinario de rendimiento e incentivos vigente en la empresa, sino únicamente a su determinación excepcional para cuatro días concretos (TS 5-12-19, EDJ 770076).

En este caso, el TS pone de relieve el hecho de que no se ha producido una transformación de ningún **aspecto fundamental de la relación laboral** ya que no sólo es de escasa trascendencia, sino que no afecta, decisivamente, a ninguna de las condiciones básicas del contrato ni a su propio objeto; por lo tanto, a pesar de encontrarnos ante una de las condiciones incluida en el ET art.41.1, una vez valoradas las condiciones concurrentes, se determina que no se puede calificar como sustancial.

e) Se declara que, en los supuestos de **reducción salarial**, la misma debe ser **4090**
superior al 5% del salario para que se considere perjuicio y, por tanto, calificable como sustancial (TS 23-7-20, EDJ 618583).

f) Sobre la retribución variable, se considera que la variación introducida en la retribución variable del colectivo afectado por el conflicto no constituyó una modificación sustancial de condiciones de trabajo, pues la retribución variable era de configuración discrecional y periódica por parte de la empresa, no siéndole de aplicación las exigencias del ET art.41. En el supuesto de hecho de la sentencia se contenía un Anexo al contrato de trabajo donde se establecía, en lo que aquí interesa, que el trabajador tendrá derecho a una **retribución variable trimestral discrecional** de acuerdo con los criterios establecidos en la política global de incentivos de la compañía y que serán comunicados al inicio de cada ejercicio. Dicha cantidad supondrá como máximo un 15% del sueldo bruto fijo anual (en su caso, parte proporcional desde su incorporación) no teniendo en ningún caso consideración de consolidable. Es unilateralmente la empresa, así, quien de forma discrecional determina la trimestral retribución variable, de acuerdo con los criterios de la política empresarial de incentivos. Las cantidades percibidas en concepto de retribución variable no son consolidables. Y lo único que tiene que hacer la empresa es comunicar los criterios mencionados (TS 7-6-2023, EDJ 597062).

g) En un supuesto próximo al que resuelve el TS 7-6-23, EDJ 597062, la alteración es de plena competencia de la empresa al no tratarse de un sistema invariable o consolidable (TS 26-3-21, EDJ 528758).

4095 **Percepciones extrasalariales** Continuando con el ET art.41.d, dentro del sistema de remuneración y cuantía salarial la doctrina judicial admite como susceptible de ser objeto de modificación las percepciones extrasalariales de las personas trabajadoras o aquellos conceptos que tienen naturaleza indemnizatoria o compensatoria. Destacan las siguientes percepciones:

1. Propinas. Es muy llamativa la sentencia del TS que declaró nula la supresión unilateral por la empresa del derecho de los trabajadores a la percepción de propinas (en el sector hostelero) por parte de la clientela (TS 17-6-21, EDJ 620066).

A juicio de la Sala IV, la **supresión del derecho a las propinas** de sus trabajadores constituye una modificación sustancial, al ser la eliminación de esa ocasión de ganancia un cambio relevante, no tanto en su dimensión económica (siempre incierta) sino en aspectos atinentes al clima de trabajo y a la existencia de estímulos o recompensas honoríficas, terminando con una práctica bien conocida en el **sector de hostelería** y abortando la posibilidad de disfrutar del reconocimiento moral sobre la calidad o esmero en la tarea desempeñada.

Ab initio, la empresa puede acordar válidamente la prohibición de que su plantilla sea gratificada por la clientela, por así derivar de su poder de organización y dirección pero, al ser esa posibilidad de ganancia económica y recompensa moral preexistente, ha de seguir el procedimiento fijado al efecto por el ET art.41, y, al no haberse seguido el mismo, la modificación llevada a cabo por la empresa es nula.

El Tribunal Supremo tiene declarado que la propina es una liberalidad y que ésta aparece de forma recurrente analizada en sus sentencias. Sobre las propinas, y al hilo de la doctrina jurisprudencial, se pueden extraer las siguientes **conclusiones**:

• La lista de condiciones de trabajo del ET art.41 es ejemplificativa, por lo que aspectos del contrato de trabajo diversos del salario pueden integrarse en ese concepto.

• Salvo en el especial caso de los Casinos, las propinas son ajenas al salario garantizado y poseen naturaleza extra salarial.

• Las propinas tienen carácter de liberalidad, por cuanto son los clientes (y no el empresario) quien decide si las abona o no, y de qué forma.

• La percepción de propinas no puede esgrimirse como un derecho frente a la clientela, habida cuenta de su carácter voluntario.

• En cuanto exceden de la retribución garantizada por la empresa, carecen de la consideración de salario al no constituir una contraprestación debida por la empresa en atención al trabajo, sino un ingreso que se produce por la liberalidad de un tercero.

• Las propinas se excluyen del concepto de salario, al ser percibidas por el trabajador con ocasión de su trabajo, por no proceder del ingreso del patrimonio empresarial sino de un tercero.

El TS señala que la propina actúa como una **condición más beneficiosa** que ha sido incorporada al acervo patrimonial de los empleados, con motivo de la aceptación empresarial de la misma en el transcurso del tiempo; considera que la empresa puede acordar válidamente la prohibición de que su plantilla sea gratificada por la clientela, por así derivar de su poder de organización y dirección (ET art.1.1 y 20.1). Ahora bien, cuando esa posibilidad de ganancia económica y **recompensa moral** preexiste ha de seguir el procedimiento fijado al efecto por el

ET art.41, por estar ante una condición de trabajo cuya eliminación posee relevancia desde diversas perspectivas (TS 17-6-21, EDJ 620066).

2. Cesta de navidad. Se examina también por el TS si es MSCT la supresión de la cesta de navidad de los empleados en el año 2016 por parte del empresario, cuando desde el inicio de la actividad, la empresa venía haciendo entrega de la cesta a todos sus trabajadores sin distinción. La entrega de la cesta no se produce por una mera liberalidad o tolerancia de la empresa, sino que se vislumbra la intención de **beneficiar a los trabajadores** sin excepción ni condicionamiento. Por tanto, dicha entrega es una condición de trabajo que está incorporada al contrato de trabajo y, por ende, impide a la empresa su supresión unilateral (TS 19-11-19, EDJ 752733).

3. **Compra con descuento**. También es ilustrativa la sentencia del TS, que confirma como modificación sustancial de las condiciones de trabajo la supresión del derecho de los trabajadores de una cadena de supermercados a comprar en los mismos con descuento (TS 23-1-18, EDJ 3802).

4. **Plus de comedor a los teletrabajadores**. De forma reciente, el Alto Tribunal ha confirmado que la empresa no puede suprimir el plus de comedor a los teletrabajadores sin seguir los trámites de la modificación sustancial de las condiciones de trabajo, en sentencia que analizaremos posteriormente en el apartado sobre la incidencia del Sars Cov-2 en la MSCT (TS 12-3-24, EDJ 524099) (nº 4150).

5. Sistema de trabajo y rendimiento

El sistema de trabajo y rendimiento hace referencia a la forma en que **se prestan** **4105**
servicios en las empresas; en concreto, hace referencia a los aspectos operacionales y organizativos de una actividad; tareas, instrucciones para su realización, flujo de información y seguimiento en el cumplimiento de las mismas. Los sistemas de trabajo son los componentes físicos de cualquier organización y de los procesos operativos y, por lo tanto, son un eje central de la organización del trabajo orientada a los procesos (ET art.41.1.e).

PRECISIONES Según la norma UNE-EN ISO 6385:2016, un sistema de trabajo **se define** como un sistema que incluye la interacción de un trabajador/usuario único o varios con los instrumentos de trabajo para realizar la función del sistema dentro de un espacio y entorno de trabajo en las condiciones establecidas por las tareas.

A continuación se muestran algunos ejemplos de cómo la **jurisprudencia** ha definido los cambios en los sistemas de trabajo de forma reciente.

1. Se confirma que debe reputarse como modificación sustancial el cambio producido en la forma de prestar servicios por parte de los trabajadores del servicio de prevención y vigilancia contra incendios forestales de la Comunidad Valenciana. Con motivo de un cambio en la encomienda de gestión y a un nuevo Pliego de Prescripciones Técnicas, los operarios de prevención y vigilancia de incendios pasan a prestar sus servicios a través de la **modalidad fijo-discontinua** (previamente como temporales) y, además, pasan de prestar servicios de forma individualizada como motoristas, mediante unidades motorizadas o motocicletas, a prestar servicios colectivamente y en grupo, mediante unidades de vigilancia ordinarias (esto es, mediante vehículos de motor) (TS 26-9-18, EDJ 596637).

Como señala la Sala IV en estos casos, la adaptación de los contratos de trabajo a la nueva encomienda (contrata) no la puede hacer de forma unilateral la empresa, debiendo proceder en esos casos a los procedimientos del ET art.41 o ET art.51, según corresponda.

2. Con ocasión de la implantación del registro de jornada a que vinieron obligadas las empresas desde entonces con la entrada en vigor del RDLey 8/2019, de 8 de marzo, se desestimó la demanda de los sindicatos que consideraron modificación sustancial la adopción de normas para el **registro de jornada**, pues éstas modificaban aspectos del sistema de trabajo previamente definidos en las relaciones laborales de la empresa (AN 10-12-2019, EDJ 796170).

Sin embargo, la AN declara que no consta acreditado que, con anterioridad a la implementación del nuevo sistema de registro de jornada, existieran condiciones contractuales generalizadas, pactos o acuerdos colectivos o incluso condición más beneficiosa por la cual los trabajadores que tuviesen que desplazarse a otra localidad estuviesen facultados para regresar ese mismo día y contabilizar el **exceso de jornada** como prolongación de la misma (extremo que se corrige con la citada implementación del nuevo registro de jornada).

Además, la representación legal de los trabajadores también solicitaba la nulidad el nuevo **cómputo de fichajes**, pues éste incidía sobre las ausencias para fumar, tomar café, desayunar, que hasta ese momento se integraban como tiempo de trabajo dentro de la jornada, y ni se fichaba ni se descontaba. Sin embargo, la AN también desestima el motivo por cuanto no se acredita la existencia de condición más beneficiosa otorgada por el empresario con carácter previo a la implantación de la medida de registro de jornada. Para que su implantación suponga una modificación sustancial de las condiciones de trabajo, indica la AN, debe acreditarse la existencia de una previa condición de trabajo y que con su implantación se hayan alterado las condiciones de trabajo en perjuicio de los trabajadores.

3. Respecto al alcance material de las medidas de modificación sustancial de las condiciones de trabajo y dentro de los cambios que se producen en el sistema de trabajo y rendimiento, la Audiencia Nacional desestima la calificación de modificación sustancial de las condiciones de trabajo la implantación de un nuevo sistema denominado *Smart job*, cuya finalidad es la combinación de trabajo presencial y teletrabajo (AN 27-7-21, EDJ 669615).

En el supuesto recogido por la sentencia, Ayesa Advanced Technologies, S.A., implantó un nuevo sistema de prestación de servicios, de carácter voluntario, por el cual se pretendía poner fin al régimen de **teletrabajo** impuesto con ocasión de la pandemia, y de carácter temporal y, en su lugar, establecer una nueva regulación híbrida que permitiera acudir a la oficina con cierta periodicidad y previa solicitud del trabajador a través de una app, organizándose la presencia en el centro de trabajo entre el propio personal por no disponer de puestos de trabajo físicos para toda la plantilla. Por tanto, el trabajador no siempre ocupará el mismo lugar físico ni coincidirá con los mismos compañeros en el centro de trabajo, siendo una nueva forma de organización de los espacios de trabajo denominado «puestos calientes» o «*hot desk*».

6. Funciones

4115 Dentro del elenco de materias susceptibles de alteración se encuentra lo dispuesto en el ET art.41.1.f), en cuanto a las funciones, cuando excedan los límites de la **movilidad funcional** previstos en el ET art.39.

La movilidad funcional implica la realización de **funciones**, tanto **superiores** como **inferiores**, no correspondientes ab initio con el grupo profesional acordado entre trabajador y empresario. Para la realización de estas funciones distintas existen unos límites que son los contemplados en el ET art.39. Si la asignación de estas funciones diferentes sobrepasa los **límites estatutarios**, debemos considerar que lo efectuado es, en puridad, una modificación sustancial de las condiciones de trabajo, relativa a las funciones, que deben seguir los cauces del ET art.41, al igual que sucede con el resto de las materias.

Por consiguiente, se somete a las **mismas reglas** que una modificación sustancial de las condiciones de trabajo el cambio de funciones distintas de las pactadas fuera de los supuestos previstos por el ET art.39.

Son habituales los **pronunciamientos judiciales** cuando el empresario degrada las condiciones de trabajo superando los límites del ET art.39: **4120**

1. Se define como modificación sustancial el **cambio de funciones** del trabajador que, de prestar servicios como **inspector**, ejerce funciones como taquillero o expendedor de billetes para la empresa de autobuses para la que prestaba servicios (TSJ Madrid 18-12-15, EDJ 271312).

2. Se determina el carácter sustancial del cambio de funciones a los **redactores** de Corporación Radio Televisión de Galicia, a quienes le fueron asignadas tareas de edición básica, la cual eran funciones propias de los operadores montadores de video (TS 9-3-21, EDJ 515022).

3. Dentro del **sector aéreo**, y en relación a una posible movilidad funcional que excede los parámetros del ET art.39, se cual analiza si debemos considerar modificación sustancial de las condiciones de trabajo el incluir entre las funciones de los TCPs de Air Europa los parámetros introducidos por una circular operativa en el procedimiento de post-desembarque. El Alto Tribunal confirma que no constituye una modificación sustancial de las condiciones de trabajo, sino movilidades funcionales, al ser dichas tareas propias de las de atención al pasajero que les encomienda el convenio colectivo, que se acomodan razonablemente a su titulación y no vulneran su dignidad profesional (TS 13-7-21, EDJ 634837).

7. Otras posibles materias susceptibles de modificación

Se analiza a continuación los siguientes supuestos: **4130**

1. Se declara como **condición más beneficiosa** de los trabajadores el derecho que éstos mantenían al uso de un **espacio comedor** durante más de 28 años (desde 1992) y que la empresa decidió suprimir unilateralmente para convertir en sala de juntas (TSJ Cataluña 21-10-2022, EDJ 739893, confirmada recientemente por TS auto 17-1-24, EDJ 502771).

El derecho a un local comedor constituye una condición más beneficiosa de la plantilla del centro de trabajo afectado, que no puede ser considerada como liberalidad empresarial aunque no conste obligación de acceder a un local comedor por normativa convencional, por lo que la decisión empresarial sobre su supresión debe ser considerado como modificación sustancial de las condiciones de trabajo.

2. También, entre materias que deben ser objeto del procedimiento de MSCT ET art.41 encontramos la supresión por parte de la empresa de la conocida como **cesta de navidad**, donde se analiza la supresión de la misma cuando ésta fue facilitada por la empresa durante nada menos que diecisiete años (TS 2-10-19, EDJ 715790).

3. La jurisprudencia ha venido a admitir que las **vacaciones**, aunque no vengan expresamente contempladas como materia susceptible de MSCT en el catálogo o listado del ET art.41, sí se trata de una condición de trabajo sobre la que el empresario puede incurrir en alteración o variación sustancial. Se analiza la modificación introducida por la empresa Autotransporte Turístico Español, S.A. (ATESA), de forma unilateral que afectaba al período de disfrute de las vacaciones de determinados trabajadores, no encontrándose amparada la modificación en norma excepcional. Ante la falta de acuerdo con la representación legal de las personas trabajadoras, refiere el Alto Tribunal, la empresa tendría que haber iniciado el procedimiento de MSCT previsto en el ET art.41, apoyándose en causas organizativas, en este caso (TS 30-9-20, EDJ 676226).

Así pues, y a pesar de que las vacaciones no se encuentran incluidas como una materia susceptible de modificación sustancial, el TS pone de manifiesto que merece el carácter de sustancial por cuanto que se llevó a cabo una modificación unilateral del período de disfrute de las vacaciones de determinados trabajadores, haciendo una ponderación entre el derecho afectado y el alcance de dicha modificación.

8. Incidencia del Sars-Cov-2 (COVID-19) en la MSCT

4140 La **pandemia** de la COVID-19 trajo sin duda algunos cambios importantes en nuestro modelo de sociedad que, como no puede ser de otra forma, afectaron de forma transversal a las relaciones de trabajo.

Quizá la afectación más importante en el derecho del trabajo tuvo que ver con los **ERTE** por **causa de fuerza mayor** (mayoritarios al inicio de la pandemia) y, posteriormente, los ERTE por causas objetivas vinculadas a la COVID-19, y motivado por las severas dificultades económicas y productivas a las que tuvieron que hacer frente las Empresas.

No obstante, dado el *boom* normativo aprobado sobre todo en los primeros meses desde la declaración del estado de alarma, en marzo de 2020, no fueron pocas las empresas que tuvieron que hacer frente a delicadas situaciones –y con carácter de **urgencia**– sin conocer con exactitud las distintas normas que fueron dictándose y en qué parámetros se movía nuestra legislación.

Ello trajo consigo no pocos pronunciamientos judiciales que guardan relación con diferentes modificaciones en las condiciones de trabajo ocasionadas por la pandemia de la COVID-19.

Los **pronunciamientos judiciales** dictados, sobre todo por los TSJ de nuestro país, son de lo más variado. A modo de ejemplo:

1. Se afirma que la reducción de la jornada de trabajo en un 50% durante un período de seis meses es una modificación sustancial al no justificarse la misma por la incidencia de la COVID-19 (TSJ Madrid 30-12-20, EDJ 836378).

2. En supuestos de modificaciones ocasionales y excepcionales de carácter temporal, adoptadas en el marco de la crisis sanitaria por el COVID-19, se analiza la adopción del **permiso retribuido recuperable** para las personas trabajadoras por cuenta ajena que no presten servicios esenciales, con el fin de reducir la movilidad de la población en el contexto de la lucha contra la pandemia (TSJ Madrid 12-4-21, EDJ 602974).

En una situación tan excepcional como la del COVID-19 los Tribunales ponderaron los intereses controvertidos, primando en todo caso el deber de garante de la salud, por lo que atendiendo a la temporalidad de las medidas en muchas de las situaciones enjuiciadas, se ha considerado que falta el rasgo esencial de la sustancialidad de la modificación.

3. Se estima que no nos encontramos ante una modificación sustancial de condiciones de trabajo en sentido estricto, sino ante la **introducción de ajustes** en el modo de prestar la actividad que vienen exigidos por las detalladas normas aprobadas por las autoridades sanitarias (TS 15-7-21, EDJ 640460).

En concreto, se enjuicia la decisión de Pull & Bear, S.A., de alterar condiciones de distribución del tiempo de trabajo de sus trabajadores, de forma transitoria y proporcionada, en pleno **proceso de desescalada**, con el objeto de cumplir los múltiples mandatos normativos aprobados con ocasión del estado de alarma de la COVID-19. El sindicato CIG consideraba como MSCT los cambios en los horarios de trabajo y reapertura de los establecimientos comerciales en la comunidad autónoma gallega. El sindicato consideraba también que, si bien las diversas Órdenes Ministeriales podían afectar las condiciones de trabajo, ello no era óbice para que, en todo caso, la empresa respetara los cauces del ET art.41.

El Alto Tribunal nos recuerda que el Estado de Alarma fue prorrogado en seis **sucesivas prórrogas** y que, a lo largo de la evolución de la crisis sanitaria, el ejecutivo comenzó a adoptar medidas menos restrictivas en lo que se denominó **plan de desescalada** o hacia una **nueva normalidad**.

Entre esta normativa se encuentra la O 3-5-20 y cuyo Cap. III regulaba las condiciones para la reapertura al público de establecimientos y **locales comerciales minoristas**. **4145**

Como elementos a tener en cuenta para resolver el debate debemos considerar que la empresa comunicó el **cierre temporal** y obligado de sus tiendas a la representación legal de las personas trabajadoras el 13 de marzo de 2020. El 14 de mayo de 2020, iniciada la **paulatina reapertura** de los establecimientos, la empresa comunica que ésta se va a adaptar a la normativa vigente y exigencias sobre protocolos de salud, horarios, etc., pero que, en todo caso, las decisiones sobre las concretas condiciones en que los trabajadores debían prestar los servicios serían revisables quincenalmente. Toda vez que en fecha 2 de junio se alcanzó un acuerdo a nivel estatal que regiría las condiciones de seguridad y salud con motivo de las excepcionales circunstancias vinculadas a la pandemia, el conflicto enjuiciado por la Sala IV se limita a resolver si las decisiones adoptadas durante el mes de mayo de 2020 son conforme a derecho o si, por el contrario, la empresa debió acudir al procedimiento de modificación sustancial de las condiciones de trabajo que promulgaban desde la óptica sindical.

La sentencia realiza una didáctica aproximación a aquellas sentencias que abordaron **novaciones contractuales amparadas por ministerio de la ley** previa a la pandemia y relacionadas con el sector público (TS 18-10-11, EDJ 306713; 19-12-11, EDJ 328419; 21-11-14, EDJ 253956, o 15-3-17, EDJ 27177)», tras lo cual estima que lo procedente es resolver como hizo, recientemente, el Asunto *Zara*, en su TS Pleno 12-5-21, EDJ 561850.

El Tribunal Supremo, de forma lógica y razonable, determina que las medidas adoptadas por Pull & Bear, S.A., son de **carácter eminentemente temporal** y, en todo caso, vinculadas a la excepcional situación derivada del estado de alarma a consecuencia del COVID-19, por lo que no pueden ser consideradas como modificación sustancial de las condiciones de trabajo, pues la empresa se limitó a aplicar la **normativa vigente** en cada momento relacionada con el COVID-19 desde la propia declaración del estado de alarma a través del RD 463/2020, y, en palabras del propio Tribunal cohonestándola con la normativa de **prevención de riesgos**, en todo caso, para preservar la vida y la integridad de los trabajadores ante esta situación excepcional y temporal, dentro del adecuado marco del poder de dirección y organización asignado a la empresa.

Por tanto, las variaciones sufridas por los trabajadores de la empresa entre los días 18 de mayo y 2 de junio de 2020, referidas a la reordenación transitoria de los calendarios de trabajo y fijación de turnos de trabajo fijos, motivados por la extraordinaria situación motivada por la pandemia, no puede ser considerado como modificación sustancial, encontrándose plenamente justificada la implementación.

Ello debe ponerse en relación con **otros derechos fundamentales de los trabajadores** como los recogidos en el ET art.4.2.d) y CE art.15 que reconoce el derecho de éstos a la integridad física en la prestación de servicios, o LPRL art.14.1 que recoge la garantía por parte de la empresa de la seguridad y salud de las personas trabajadoras.

4150 Otras sentencias relacionadas con el COVID-19 y la MSCT son las siguientes:

1. Se enjuició un supuesto en el que la empresa, como consecuencia de la crisis sanitaria provocada por el COVID-19, había acordado medidas de **distribución irregular de la jornada**, entre otras, no constituyendo modificación sustancial de las condiciones de trabajo por tratarse de medidas de carácter temporal vinculadas a la excepcional situación sanitaria provocada por el COVID-19 (TS 12-5-21, EDJ 561850).

2. Se considera que la supresión temporal de la **retribución variable del personal de RENFE**, el cual va unido indisolublemente al cumplimiento de unos objetivos que no pudieron alcanzarse con ocasión de la excepcional situación derivada del Estado de Alarma no es una MSCT toda vez que su supresión, además de excepcional, trata de una medida temporal y la misma se encuentra plenamente justificada (TS 20-10-21, EDJ 729244).

Se estima que la medida adoptada por la empresa de no hacer efectivo el anticipo del componente variable de junio, atendiendo a las circunstancias concurrentes, es razonablemente consecuencia de la excepcional situación derivada del estado de alarma a consecuencia del COVID-19, a partir del RD 463/2020, siendo que el complemento va indisolublemente unido al **cumplimiento de unos objetivos**, que iba a ser cero ante la previsión de cierre del ejercicio 2020 en unos 478 millones de pérdidas, evidenciándose por otro lado, que la medida ha sido temporal, al hacerse el anticipo en el mes de diciembre, contrariamente a lo señalado por la recurrente, no estamos ante una MSCT del ET art.41, sino ante una variación temporal circunstancial, que no constituye tal. Y sin que ello suponga otorgar a la empresa un poder omnímodo en la gestión de los anticipos objeto del presente procedimiento, pues habrá de respetarse lo pactado, salvo que concurran circunstancias excepcionales y razonables como las provocadas por la pandemia del COVID-19, con el carácter de temporalidad.

3. Se declara la inexistencia de MSCT colectiva la modificación de jornada temporal notificada a través de las circulares dictadas por el departamento de Recursos Humanos del Departamento de Seguridad del Gobierno Vasco y del organismo autónomo Academia de Policía Vasca y Emergencias, y que afecta a la plantilla de personal laboral. Estas circulares dictadas por la Administración Autonómica de modificación temporal y excepcional de las condiciones de jornada y horarios del personal laboral, a consecuencia del COVID-19, se limitan a establecer las **pautas para recuperar la normalidad** en el desarrollo de las relaciones laborales que se vieron alteradas con la excepcional situación generada por la pandemia y la declaración del estado de alarma (TS 7-4-22, EDJ 544367).

4. Por último, y como adelantábamos antes, también relacionado con el COVID-19, es muy ilustrativa la sentencia del TS, que confirma que la **supresión de la subvención del comedor** a los teletrabajadores realizada unilateralmente por la empresa cuando fue declarado el Estado de Alarma sí debe ser considerada una modificación sustancial de las condiciones de trabajo toda vez que afecta al salario y vulnera lo pactado en convenio colectivo (TS 12-3-24, EDJ 524099).

En este procedimiento la empresa suprimió el abono mensual del denominado **plus subvención comedor** del personal que teletrabajaba desde la entrada en vigor del RD 463/2020, por el que se declaró el Estado de Alarma. El citado complemento venía siendo percibido por los trabajadores desde 2016, y por día efectivamente trabajado.

Por tanto, tras la medida adoptada si los trabajadores no acudían presencialmente al centro de trabajo, aunque prestaran servicios en régimen de teletrabajo, la empresa no abonaba la subvención comedor.

El problema, por tanto, reside en la adopción del **teletrabajo** y la consecuencia que éste acarrea en el devengo del citado plus, el cual la empresa deja de abonar por no prestar servicios presencialmente los trabajadores. Sin embargo, el citado plus se percibe por día efectivamente trabajado por lo que los empleados asignados al sistema, aunque dejaron de percibir el plus o complemento, continuaban trabajando que era, en definitiva, el único requisito que se había pactado.

PRECISIONES El TS se apoya de modo ilustrativo en resoluciones dictadas anteriormente en supuestos similares, entre los que podemos destacar el TS 18-11-21, EDJ 756083, en el que la empresa suprimió **tickets comida** en el período de pandemia. Y, a su vez, el TS 20-6-23, EDJ 610475, referida a la supresión de subvención de la **comida del mediodía**, concluye de igual modo su consideración de alteración sustancial de condición de trabajo, pues se trata de un beneficio social del que venían disfrutando los trabajadores cuya cuantificación económica asciende a 4,17 € diarios y cuya supresión sin compensación o contraprestación por parte empresarial conlleva la declaración de modificación sustancial de las condiciones de trabajo que tendría que haber seguido los trámites del ET art.41 siendo que, además, y en contra de las soluciones adoptadas en los casos Zara o Pull & Bear, la supresión de estas mejoras no son de carácter eminentemente temporal, habiéndose mantenido en el transcurso del tiempo y una vez finalizada incluso la pandemia provocada por la COVID-19.

9. Supuestos excluidos. Caso «Grupo ENDESA»

Aunque ya se han abordado múltiples **pronunciamientos judiciales**, sobre todo del Tribunal Supremo, que relacionados con las materias que pueden ser objeto 4160 de modificación sustancial, consideran que los cambios no revisten de sustancialidad o importancia suficiente para dotar a los mismos de las exigencias del precepto, en último término se pueden recopilar algunos pronunciamientos judiciales adicionales y pacíficos que muestran cuando determinadas alteraciones en las condiciones de trabajo no revisten de importancia o magnitud suficiente para que sean consideradas como sustancial y, por tanto, se trata de supuestos excluidos del ET art.41:

- **Modificaciones accidentales** de las condiciones de trabajo, por su ínfima o escasa incidencia en las condiciones de trabajo de la relación laboral.
- **Modificaciones** producidas en virtud de un cambio en la **legislación vigente**, y no por decisión empresarial (recortes del sector público).
- Inaplicaciones de **convenio colectivo** estatutarios o de eficacia general, que se llevarán a cabo a través del procedimiento del ET art.82.3.
- Novaciones del **contrato de trabajo a tiempo completo** y su conversión en contrato de trabajo a **tiempo parcial** que, requerirá siempre la aceptación de la persona trabajadora, ET art.12.4.e).
- Supresión o alteraciones de aquellas condiciones de trabajo que no se encuentran consolidadas en el **acervo contractual del trabajador** y que, por tanto, pueden ser modificadas por voluntad unilateral del empresario en el legítimo ejercicio del *ius variandi*, ET art.20.
- Situaciones derivadas del **fin de ultraactividad** de los convenios colectivos.

Aunque por definición, como supuestos excluidos del ET art.41, se pueden encuadrar todos aquellos supuestos de hecho que, por su escasa relevancia en la esfera de los derechos de los trabajadores, no son incardinables en el precepto; por ejemplo, modificaciones en las condiciones de trabajo leves y/o de carácter temporal, reducciones de salario ínfimas, cambio de funciones propias del ET art.39, o alteración de condiciones que no se encuentren consolidadas por condición más beneficiosa, o motivadas por nuevas exigencias normativas (véase el elenco de resoluciones judiciales citadas con ocasión de la pandemia por el COVID-19).

4165 Entre estas exclusiones al ámbito de aplicación del ET art.41 destaca el pronunciamiento de la Sala IV del Tribunal Supremo con ocasión del conflicto colectivo del Grupo ENDESA, «asunto prejubilados ENDESA», en su sentencia TS 7-7-21, EDJ 640568.

Las distintas sociedades del Grupo ENDESA suscribieron distintos **acuerdos de prejubilación** entre los que se destacaban una serie de beneficios sociales (por ejemplo, descuentos en la tarifa eléctrica). Con motivo de la pérdida de vigencia del IV convenio colectivo marco del Grupo Endesa, el cual perdió vigencia en fecha 31-12-18, las sociedades del Grupo suprimieron determinados beneficios por encontrarse indisolublemente asociados a la vigencia del convenio colectivo, afectando entre otros, al colectivo de prejubilados o personal pasivo.

Como recuerda el Tribunal Supremo, la **pérdida de vigencia de un convenio** puede deberse a su sustitución de uno por otro; o bien, por la pérdida de vigencia por finalización de su plazo de vigencia. En los casos de pérdida de vigencia, el convenio colectivo desaparece del ordenamiento jurídico.

Los recurrentes entendían que la **supresión del beneficio** del derecho a la **tarifa eléctrica** especial de empleados en base a su contrato de extinción de la relación laboral por incorporación al ERE, y compatibilizando dicho beneficio económico con la pensión contributiva de jubilación de la Seguridad, suponía una **mejora voluntaria** de una prestación de la Seguridad Social, de manera que su supresión solo podría efectuarse tramitando un expediente de modificación sustancial de condiciones de trabajo, por lo que según el recurrente se debía dictar sentencia que, de acuerdo al LRJS art.138.7.g), declarase nula la decisión empresarial y, en su defecto, no ajustada a Derecho.

Igualmente, consideraban que el convenio colectivo dejaba de estar vigente únicamente para los **empleados en activo**, pero mantenía su vigencia para el **personal pasivo** (trabajadores jubilados y familiares), nombrados beneficiarios de los derechos recogidos en el IV convenio colectivo marco del Grupo Endesa art.78.

El Alto Tribunal afirma que cuando el convenio desaparece, por pérdida de vigencia y no hay convenio que lo sustituya, se desvanece la fuente que constituía el origen de los derechos y obligaciones relativos a los derechos y beneficios de las personas que no tenían ningún tipo de vinculación con la empresa que, por tanto, también desaparecen.

Además, entre otro elementos del caso, hay que resaltar que las condiciones más beneficiosas no derivan de una norma convencional (como pretendían los recurrentes), sino siempre de la libre voluntad del empleador, por lo que los derechos consecuencia de un convenio colectivo no provocan el nacimiento de una condición más beneficiosa, desmarcándose el Alto Tribunal de otros supuestos de hecho en los que nos hablaba de la **contractualización** de las condiciones establecidas en convenio colectivo en situaciones de ultraactividad.

La sentencia del Tribunal Supremo, que confirma la de la AN 26-3-19, EDJ 545694, avaló la supresión de los derechos del personal pasivo por la pérdida de vigencia del convenio colectivo, no siendo preciso la alteración o supresión de tales condiciones a través del ET art.41.

10. Ideas Clave

✓ No existe **definición de modificación sustancial** de las condiciones de trabajo, pudiendo sufrir alteraciones cualesquiera circunstancias de la relación laboral con mayor o menor precisión, lo que hace indispensable el análisis caso por caso y, por tanto, acudir a las soluciones que para los mismos ofrecen nuestros tribunales. **4170**

✓ El ET recoge un **listado de condiciones** de la relación laboral que pueden ser alteradas por la empresa, no obstante, esta lista es «meramente ejemplificativa y no exhaustiva». Se trata de una lista abierta de las condiciones de trabajo que *ex lege* «tendrán la consideración» sustancial referida.

✓ El ET art.41.1:

a) **no incorpora** todas las condiciones de trabajo que pueden ser objeto de modificación sustancial.

b) no toda modificación que afecta a alguna de las condiciones de trabajo listadas tiene **automáticamente** el carácter de sustancial.

✓ Entre el elenco de materias que, con **carácter abierto** define el ET art.41, encontramos:

– La jornada de trabajo.

4170 (sigue)

- Horario y distribución del tiempo de trabajo.
- Régimen de trabajo a turnos.
- Sistema de retribución y cuantía salarial.
- Sistema de trabajo y rendimiento.
- Funciones.
- Otras posibles materias no reguladas.

✓ En cuanto a la **jornada de trabajo**, ésta tiene visos de ser modificado próximamente por el legislador mediante la aprobación genérica de una jornada de 37,5 horas semanales para aquellas personas trabajadoras contratadas a tiempo completo (ET art.34).

✓ En cuanto al **horario y distribución del tiempo** de trabajo, son habituales los cambios en el calendario laboral en supuestos de sucesiones de empresa o derivados de la aplicación convencional.

✓ En cuanto al régimen de **trabajo a turnos**, esta modalidad implica la rotación de los trabajadores en diferentes horarios de mañana, tarde o noche, según se encuentre establecido, habitualmente, en las normas convencionales de aplicación.

✓ En cuanto al sistema de **retribución y cuantía salarial**, la condición fue introducida por L 3/2012. Con el transcurso de los años, el ET art.41.1.d) ha servido para que en la práctica se incluyan en él modificaciones sustanciales relacionadas con las mejoras voluntarias o sobre aportaciones a los planes de pensiones.

✓ En cuanto al **sistema de trabajo y rendimiento**, esta condición hace referencia a la forma en que se prestan servicios en las empresas; en concreto, hace referencia a los aspectos operacionales y organizativos de una actividad; tareas, instrucciones para su realización, flujo de información y seguimiento en el cumplimiento de las mismas. Los sistemas de trabajo son los componentes físicos de cualquier organización y de los procesos operativos y, por lo tanto, son un eje central de la organización del trabajo orientada a los procesos (ET art.41.1.e).

✓ Sobre las **funciones**, se considera sustancial cuando la modificación exceda los límites previstos para la movilidad funcional del ET art.39.

✓ En cuanto a **otras posibles materias** no expresamente definidas en el ET art.41, la doctrina judicial abarca desde cambios en el sistema de vacaciones, compensaciones o condiciones más beneficiosas adquiridas por las personas trabajadoras como p.e. el supuesto de las cestas de Navidad en las empresas, o bien, el empleo de un espacio comedor u otros beneficios por el transcurso del tiempo en la relación de trabajo.

✓ La incidencia del **Sars-Cov-2** provocó cambios significativos en las relaciones de trabajo y en nuestro modelo de sociedad productiva. La medida de flexibilidad interna más conocida fueron los ERTE por causa de fuerza mayor y, posteriormente, los ERTE ETOP derivados por la complicada situación económica y productiva que había dejado el confinamiento y posteriores procesos de desescalada.

– Las Salas de lo Social de los TSJ, así como la Sala IV del TS, continúan pronunciándose sobre los diferentes **efectos que la pandemia trajo** consigo en las relaciones de trabajo y en las diferentes condiciones de trabajo que fueron afectadas en las empresas; destacándose los pronunciamientos más relevantes en este capítulo. **4170** (sigue)

Capítulo 5. El procedimiento de la MSCT

5000

1. MSCT individual

La diferenciación sobre cuándo una modificación sustancial de las condiciones de trabajo debe ser considerada de carácter individual; o bien, de carácter colectivo, viene determinado por los **umbrales de afectación** definidos en el ET art.41.2 2: 5010

«Se considera de **carácter colectivo** la modificación que, en un periodo de 90 días, afecte al menos a:

a) 10 trabajadores, en las empresas que ocupen menos de 100 trabajadores.

b) El 10% del número de trabajadores de la empresa en aquellas que ocupen entre 100 y 300 trabajadores.

c) 30 trabajadores, en las empresas que ocupen más de 300 trabajadores».

Por la propia definición que ofrece el precepto en el siguiente párrafo, y por exclusión sobre cuándo la MSCT tiene consideración de colectiva, es de **carácter individual** la modificación que afecte a un solo trabajador o a un grupo de trabajadores siempre y cuando, en el período de referencia indicado en el precepto (90 días), no alcance los umbrales señalados para las modificaciones colectivas. Las **condiciones laborales** que pueden verse afectadas pueden venir disfrutadas a título individual (por previsión contractual, pacto o mejora empresarial) o fijadas con carácter colectivo (pacto colectivo, mejora colectiva, etc.).

En este punto es importante resaltar que cuando el empresario, con el objeto de eludir las previsiones contenidas en el precepto, realice modificaciones sustanciales de las condiciones de trabajo en **períodos sucesivos** de 90 días en número inferior a los umbrales que establece el apartado segundo para las modificaciones colectivas, y sin que concurran causas nuevas que justifiquen la MSCT, las nuevas modificaciones se considerarán efectuadas en **fraude de ley** y son declaradas nulas y sin efecto, conforme a lo dispuesto en el ET art.41.3 (TSJ Cataluña 19-5-14, EDJ 100440).

Sobre **cómo computar los períodos** sucesivos de 90 días, y en el caso de las modificaciones sustanciales de las condiciones de trabajo, es de directa aplicación la doctrina jurisprudencial de la Sala IV del Tribunal Supremo en relación con los **despidos colectivos**, ET art.51; pudiendo citar, por todas, el TS Pleno 9-12-220, EDJ 745675, el cual aplica la conocida como «regla del compás» definida por el TJUE 11-11-20 C-300/19, Asunto Marclean Technologies y que consiste en contabilizar las extinciones (en nuestro caso, modificaciones sustanciales) en cualquier dirección (pasado, futuro y/o mixto).

5015 Aunque el ET art.41 no establece obligatoriamente que la comunicación sobre la MSCT individual deba ser entregada a la persona trabajadora **por escrito** (*ab initio*, podría admitirse su notificación de forma verbal), lo cierto es que la LRJS art.138 que rige el procedimiento para la impugnación de la MSCT por parte del trabajador establece un **plazo de caducidad** de 20 días hábiles a contar desde «la notificación por escrito de la decisión a los trabajadores o a sus representantes».

Y este punto ha sido igualmente afirmado por la **doctrina judicial**, en relación con el ET art.8.5, el cual colige que el empresario debe **informar por escrito** al trabajador cuando afecte a los elementos esenciales del contrato de trabajo pactado (TSJ Granada 03-11-16, EDJ 274860; TSJ Cataluña 17-7-02, EDJ 44954; 28-9-00, EDJ 36531; 16-3-1999 EDJ 11799; TSJ Madrid 21-5-99; TSJ Aragón 9-11-99, EDJ 45725; o TSJ Castilla-La Mancha 18-4-1996, EDJ 53023).

Así pues, y aunque el ET art.41.3 no lo indique de modo expreso, la notificación de MSCT debe **efectuarse por escrito** por dos motivos principalmente:

– Para evitar la **inseguridad jurídica** sobre la fecha de notificación de la modificación sustancial y,

– para que no exista dudas sobre el **contenido de la modificación** por parte de la empresa, debiendo indicar no solo la causa objetiva en que apoya la decisión (económica, productiva, técnica u organizativa), sino la razonabilidad de la medida y en qué forma ésta contribuye a la posición competitiva de la empresa y mejora de su situación en el contexto del mercado en el que opere.

La decisión del empresario de materializar una MSCT a un determinado trabajador también debe cumplir un **plazo de preaviso**, debiendo ser notificada con una antelación mínima de 15 días a la fecha de su efectividad, ET art.41.3.

5020 Una vez el empresario notifica al trabajador por escrito una MSCT, este dispone de **varias opciones** (nº 6000 s.):

a) Aceptar la MSCT.

b) En caso de considerar que resulta perjudicado por la medida, y si esta afecta a las materias previstas en los apartados a), b), c), d) y f), del ET art.41 (jornada de trabajo, horario y distribución del tiempo de trabajo, régimen de trabajo a turnos, sistema de remuneración y cuantía salarial, y funciones), la persona trabajadora tiene derecho a **rescindir el contrato** de trabajo y ser indemnizado con 20 días de salario por año de servicio, prorrateándose por meses los periodos inferiores a un año, y con un tope de 9 mensualidades, ET art.41.3 2.

1. Es una **facultad rescisoria** de la persona trabajadora que no precisa de autorización judicial.

2. El plazo para ejercitar la rescisión del contrato, cuando no se ha impugnado previamente la medida modificadora está sujeto al **plazo general de caducidad** de un año establecido con carácter general en el ET art.59.1 (TS 29-10-12, EDJ 263609).

3. La indemnización –legal– está **exenta de tributación**, tal y como recoge la DGT CV 30-12-20, y, además, el trabajador tiene acceso a la prestación por desempleo si cumple con los requisitos mínimos de cotización.

c) En caso de no optar por la rescisión del contrato de trabajo, puede **impugnar la decisión empresarial** ante los órganos de la jurisdicción social, sin perjuicio de su ejecutividad, y solicitar que sea declarada nula o injustificada. La sentencia que se dictare declara la MSCT justificada o injustificada y, en este último caso, reconoce el derecho de la persona trabajadora a ser repuesta en sus anteriores condiciones de trabajo.

1. En este último escenario, la persona trabajadora dispone de **20 días hábiles** para impugnar judicialmente la notificación de la MSCT por parte del empresario, no siendo preceptiva la interposición con carácter previo de la papeleta de conciliación ante el servicio de mediación y arbitraje autonómico correspondiente (puede dirigir la demanda directamente a los órganos de la jurisdicción social) y, además de solicitar la **declaración de nulidad** de la medida, puede reclamar una indemnización por los daños y perjuicios que le haya podido ocasionar la decisión de la empresa.

2. **Durante la sustanciación del procedimiento** judicial, la modificación sustancial es ejecutiva, por lo que la persona trabajadora debe continuar prestando servicios y acatar la medida del empresario, salvo que solicite como medida cautelar no permanecer en su puesto de trabajo mientras subsista el procedimiento judicial y la misma sea concedida por el juez.

Las opciones b) y c) son **mutuamente excluyentes**, por lo que, si la persona trabajadora opta por la extinción de la relación laboral, no puede impugnar la medida judicialmente pues, en esencia, su finalidad es discutir la justificación o no de la misma mientras perdure o se mantenga viva la relación, vid. TSJ de Galicia 19-12-14 o TSJ de Cantabria 4-1-16, EDJ 4658.

Aunque fue dictada en un procedimiento en materia de **movilidad geográfica**, la decisión del TS 29-10-12, EDJ 263609, es plenamente extrapolable a los supuestos de modificación sustancial de las condiciones de trabajo, afirmando el Alto Tribunal que ante la decisión empresarial el trabajador puede impugnar la medida y, de resultar justificada, optar posteriormente por la extinción del contrato de trabajo. También, el TS 21-12-99, EDJ 53210, confirma que la impugnación y extinción simultáneas son incompatibles, porque tienden a finalidades opuestas.

2. MSCT colectiva. Procedimiento para la modificación

En este apartado se van a estudiar los distintos aspectos del procedimiento para **5030**
la modificación de las condiciones de trabajo colectivas, como son, el período de consultas (nº 5040), los sujetos interlocutores del período de consultas (nº 5055), la negociación de buena fe (nº 5080), el deber de información (nº 5100), la documentación a aportar (nº 5120), los criterios de designación (nº 5135) y el acuerdo y su validez (nº 5145).

a. El período de consultas

Al inicio de la redacción del ET art.41.4, la norma estatutaria prevé que los pro- **5040**
cedimientos colectivos de MSCT puedan seguir **procedimientos específicos** diseñados en la negociación colectiva (ejemplo paradigmático de ello lo encontramos en el convenio colectivo del sector de Grandes Almacenes), por lo que no siempre es preciso acudir a la regulación contenida en el propio precepto estatutario, con respeto a las condiciones y requisitos que en este se establecen para la adopción de una medida de MSCT de carácter colectivo.

5040 (sigue) No obstante, salvo que la negociación colectiva haya instaurado procedimientos colectivos específicos, debemos acudir al procedimiento que para la MSCT colectiva contempla la **norma estatutaria**, y que no es otro que el deber de negociar en un período de consultas con la representación legal de las personas trabajadoras (RLPT), conforme a los plazos y requisitos que en el ET art.41.4 se establecen.

El período de consultas tiene, por naturaleza, una **doble función.**

a) Es un **instituto garante y proteccionista** con los derechos de las personas trabajadoras, pues establece un deber empresarial de negociar con sus representantes cuando pretende introducir cambios en la esfera de las relaciones laborales que, por definición, resultan gravosos para sus intereses, pues no olvidemos que la MSCT es una medida de flexibilidad interna que la norma estatutaria permite a las empresas.

b) Es un **instrumento de control** que sirve al derecho a la acción sindical, pues son estos (los representantes legales o sindicales) los encargados de velar por el cumplimiento de las exigencias normativas en el proceso, así como de valorar la concurrencia o no de causas justificativas de la adopción de las medidas que pretenda instaurar el empresario.

El período de consultas no debe ser superior a los **15 días** y debe versar sobre las causas motivadoras de la decisión empresarial, así como la posibilidad de evitar o reducir sus efectos, y la adopción de medidas necesarias para atenuar sus consecuencias para los trabajadores afectados. Sobre el plazo de 15 días, es importante destacar que **puede ser prorrogado** de común acuerdo entre los sujetos negociadores, sin que el hecho de prorrogar las negociaciones pueda implicar consecuencias negativas para la adopción de las medidas o, en todo caso, la nulidad del procedimiento, como acertadamente se razona en la AN 10-4-14, EDJ 55177, que confirma que ni el ET ni RD 1483/2012, anudan **consecuencias negativas** a la superación del período de consultas, máxime cuando la superación es breve y en un contexto negociador que tiene por finalidad alcanzar un acuerdo entre las partes que siempre es deseable y preferible a la imposición de la medida por parte de la empresa, y por más que la misma pudiera ser incluso convalidada judicialmente. En idéntico sentido, el TS 19-1-15, EDJ 17319.

La superación del plazo de 15 días que contempla el ET art.41 para la negociación, acoge el criterio de la sentencia de instancia dictada por la AN 30-6-21, la cual razona que «la superación de dicho plazo **no conlleva nulidad** cuando queda evidenciado un acuerdo de ambas partes en su prolongación, la actividad negociadora desplegada y la no acreditación de fraude en el alargamiento de las consultas», con cita en otras sentencias del TS pudiendo indicar a modo de ejemplo; TS 15-4-14, EDJ 100856 o TS 25-5-15, EDJ 144473 (TS 22-2-24, EDJ 518115).

También, el período de consultas no puede obviarse por el empresario mediante la **suscripción de acuerdos individuales masivos** con el conjunto de la plantilla con el objeto de eludir los límites del ET art.41, vulnerándose con ello el derecho a la libertad sindical.

PRECISIONES Este es el caso de un conflicto colectivo seguido por los sindicatos en el que estos solicitaban la declaración de nulidad de los acuerdos individuales suscritos entre Banco Castilla-La Mancha, S.A., y Liberbank, S.A., y su personal directivo. En concreto, las empresas demandadas habían promovido **negociaciones individuales en masa** con directivos para convertir salario fijo en variable; suscribiendo acuerdos novatorios que afectaban a la remuneración y cuantía salarial con 650 directivos, de los cuales 554 habían aceptado. El Alto Tribunal va a desestimar los recursos de casación de las entidades bancarias y a confirmar la AN 15-2-18, EDJ 12302, y que se apoya en el TS 11-10-16, EDJ 202707, que confirma que la promoción de acuerdos individuales en masa, con la finalidad de eludir la negociación colectiva, es vulneradora de la libertad sindical y, por tanto, dichos acuerdos deben reputarse como nulos (TS 20-6-19, EDJ 646273).

Es importante destacar que el **fin o el propósito** del período de consultas es **5045**
poder alcanzar un acuerdo entre la empresa y la comisión representativa de los trabajadores designada para negociar, pero que la norma estatutaria no exige que deba alcanzarse un acuerdo al finalizar el período de consultas para que el empresario adopte la medida modificativa. Por tanto, la **decisión última** sobre la medida de MSCT pertenece al empresario y a su ejercicio de poder y dirección.

Esto llevó a la **doctrina científica** a plantearse si un acuerdo alcanzado en el período de consultas tiene eficacia jurídica real pues, se adopte o no, el empresario siempre puede implantar la medida modificativa la cual, recordemos, es directamente ejecutiva. Sin embargo, es preciso descartar dicha posibilidad pues el ET sí exige el deber de negociar de buena fe con vistas a la consecución del acuerdo.

El razonamiento llevado a cabo por el TS 27-5-13, EDJ 142865, es plenamente extrapolable a los supuestos de modificaciones sustanciales de carácter colectivo y reconoce, sobre el deber de **negociación de buena fe** durante el período de consultas por las partes que, aunque la exigencia legal ofrece innegable generalidad, en la configuración del mismo no cabe olvidar:

a) que la previsión legal no parece sino una **mera especificación** del deber general de buena fe que corresponde al contrato de trabajo (como a todo contrato: CC art.1258) y que en el campo de la negociación colectiva especifica el ET art.89.1 que «ambas partes están obligadas a negociar bajo el principio de la buena fe»;

b) desde el momento en que el ET art.51 instrumenta la buena fe al objetivo de «la **consecución de un acuerdo**» y que el periodo de consultas «debe versar, como mínimo, sobre las posibilidades de evitar o reducir los despidos colectivos y de atenuar sus consecuencias mediante el recurso a medidas sociales de acompañamiento», está claro que la buena fe que el precepto exige es una buena fe negocial.

A modo de resumen, y como **ideas principales** del período de consultas, debemos destacar que:

1. Su **naturaleza es dual**; por un lado, responde a la garantía de los derechos de los trabajadores y, por otro, a la garantía de la acción sindical.

2. Para adoptar modificaciones sustanciales de carácter colectivo se pueden seguir **procedimientos específicos** diseñados en la negociación colectiva, al margen del procedimiento regulado en el ET art.41.

3. No es exigible la consecución de acuerdo entre las partes, pero sí el deber de **negociar de buena fe**.

4. El período de consultas no debe ser superior a los 15 días, aunque cabe **prorrogar el plazo** de común acuerdo entre las partes.

b. Sujetos interlocutores del período de consultas. La comisión negociadora

5055 El **procedimiento colectivo** para la modificación sustancial de las condiciones de trabajo se inicia con una primera comunicación de la empresa, dirigida a los trabajadores o a sus representantes, en la que se informa de la intención de iniciar un período de consultas para la adopción de la medida, y con el objeto de que estos constituyan la comisión representativa de la parte social que forma parte de la comisión negociadora, en un plazo de 7 días, salvo que alguno de los centros no cuente con RLPT, en cuyo caso el plazo es de 15 días.

Transcurrido el plazo máximo (7 o 15 días, según los casos), la empresa puede comunicar el **inicio del período de consultas** a los representantes de los trabajadores, sin que la falta de constitución de la comisión impida el inicio y transcurso del período de consultas o se amplíe su duración en el supuesto de que se constituyera con posterioridad.

La negociación durante el período de consultas, para adoptar una medida modificación de las condiciones de trabajo, debe llevarse a cabo en una **única comisión negociadora**, circunscrita a los centros de trabajo afectados por el procedimiento, y que está compuesta por un máximo de 13 miembros en representación de cada una de las partes (ET art.41.4.1).

5060 **Constitución** El ET art.41.4, que regula las **reglas de composición** de la mesa negociadora en los procedimientos colectivos, resulta de vital importancia en el derecho colectivo del trabajo, pues es la norma encargada de determinar los sujetos negociadores, no solo para las modificaciones sustanciales de las condiciones de trabajo, sino también para:

- los despidos colectivos (ET art.51);
- traslados colectivos (ET art.40);
- movilidad funcional sustancial (ET art.39.4);
- suspensiones del contrato de trabajo y reducciones de jornada (ET art.47);
- inaplicación de convenio colectivo (ET art.82); y
- sucesiones de empresa, en su caso (ET art.44).

Todas esas normas se remiten, para la composición de los **sujetos negociadores** en cada una de aquellas situaciones, a los requisitos que para la constitución de la comisión negociadora contempla el ET art.41.4.

5065 **Interlocutores** La intervención como **interlocutores** puede corresponder a las secciones sindicales cuando estas así lo acuerden, y siempre que tengan la representación mayoritaria en los miembros del comité de empresa o entre los delegados de personal de los centros de trabajo afectados.

En defecto de lo anterior, la intervención como interlocutores en el proceso negociador ante la dirección de la empresa, se atribuye a los **sujetos legitimados** que desarrolla y explica la norma estatutaria, en función del **número de centros** de trabajo afectados por la medida, así como de la existencia o inexistencia de representantes legales de las personas trabajadoras en todos o algunos de los centros de trabajo afectados.

a) Un **único centro** de trabajo afectado:

1. Si este cuenta con RLPT, la **representación social** dentro de la comisión negociadora corresponde al comité de empresa o delegados de personal, en su caso.

2. Si este no cuenta con RLPT, las personas trabajadoras de dicho centro pueden atribuir su representación a una **comisión *ad hoc*** (nº 5070); esto es, una comisión representativa de un máximo de 3 miembros que puede estar integrada, a su elección, por personas trabajadoras de la propia empresa y elegidos por estos democráticamente; o bien, por personas designadas, según su representatividad, por los sindicatos más representativos y representativos del sector al que pertenezca la empresa, y estuvieran legitimados para formar parte de la comisión negociadora del convenio colectivo aplicable. **5065** (sigue)

En este último caso, y conforme a lo dispuesto en el ET art.41.4.a 2º párrafo, en el supuesto de que la negociación se realice con la comisión cuyos miembros sean **designados por los sindicatos**, el empresario puede atribuir su representación a las organizaciones empresariales en las que estuviera integrado, pudiendo ser las mismas más representativas a nivel autonómico, y con independencia de que la organización en la que esté integrado tenga carácter intersectorial o sectorial.

b) **Más de un centro** de trabajo afectado dentro de la misma empresa, la intervención como interlocutores se rige por las siguientes **reglas**:

1. Si el procedimiento de MSCT afecta a más de un centro de trabajo, la interlocución corresponde en primer lugar al **comité intercentros**, siempre que tenga atribuida esa función en el convenio colectivo en que se hubiera acordado su creación.

2. En defecto de lo anterior, la interlocución corresponde a una **comisión representativa**, conforme a las siguientes reglas:

- Si **todos los centros** de trabajo afectados por el procedimiento cuentan con **representantes** legales de los trabajadores, la comisión está integrada por estos.

- Si **alguno de los centros** de trabajo afectados cuenta con representantes legales de los trabajadores y otros no, la **comisión** está integrada únicamente por representantes legales de los trabajadores de los centros que cuenten con dichos representantes. Y ello salvo que los trabajadores de los centros que no cuenten con representantes legales opten por designar la comisión a que se refiere la letra a), en cuyo caso la comisión representativa está **integrada conjuntamente** por representantes legales de los trabajadores y por miembros de las comisiones previstas en dicho párrafo, en proporción al número de trabajadores que representen.

En el supuesto de que uno o varios centros de trabajo afectados por el procedimiento que no cuenten con representantes legales de los trabajadores opten por **no designar la comisión** de la letra a), se asigna su representación a los representantes legales de los trabajadores de los centros de trabajo afectados que cuenten con ellos, en proporción al número de trabajadores que representen.

- Si **ninguno de los centros** de trabajo afectados por el procedimiento cuenta con representantes legales de los trabajadores, la **comisión representativa** está integrada por quienes sean elegidos por y entre los miembros de las comisiones designadas en los centros de trabajo afectados conforme a lo dispuesto en la letra a), en proporción al número de trabajadores que representen.

En todos los supuestos contemplados, si como resultado de la aplicación de las reglas indicadas anteriormente el número inicial de representantes fuese superior a 13, estos eligen por y entre ellos a un **máximo de 13**, en proporción al número de trabajadores que representen.

Se ha venido a establecer un **doble canal de representación**; uno, a nivel unitario y; otro, a nivel sindical. Y a su vez, la regulación de la comisión negociadora puede ser «**mixta**» o «**híbrida**»; es decir, en un mismo proceso negociador la empresa puede negociar válidamente con una comisión representativa de las personas trabajadoras compuesta en parte por representación unitaria en parte por representación sindical; vid. TS 23-3-15, EDJ 72676.

5070 **Comisión «ad hoc»** En aquellos casos en que la plantilla **no cuente con representantes legales** de los trabajadores, la norma ha establecido la posibilidad de que por el conjunto de los trabajadores se cree una denominada comisión *ad hoc* de un máximo de tres miembros y elegidos democráticamente entre estos.

Esta figura pretende dar solución legal al **vacío representativo** que, en muchas pequeñas y medianas empresas, pueda darse. Es importante señalar que, en todo caso, la **legitimación «colectiva»** de las personas integrantes de la comisión *ad hoc* se agota con la finalización del período de consultas. Hay parte de la doctrina científica que considera que las comisiones *ad hoc* **no son equiparables** con la fuerza que mantienen las estructuras de negociación de origen primitivo (las sindicales o unitarias) y que, por tanto, esta fórmula de representación, por residual que sea, debiera ser replanteada.

Lo más llamativo de la comisión *ad hoc* quizá sea la posibilidad de que los propios trabajadores que no cuentan con RLPT **puedan rechazar constituir** la citada comisión, pues conforme a la normativa sustantiva, la decisión respecto su constitución recae únicamente sobre la plantilla, pudiendo estos libremente decidir si la constituyen o no de cara al proceso negociador con el empresario. No obstante, resulta lícita la negociación directa con el conjunto de la plantilla cuando a) no hay RLPT y b) los trabajadores rechazan constituir la comisión *ad hoc*. Pero, si estos no se constituyen, ¿con quién negocia el empresario?

Aquí surgieron no pocos problemas interpretativos sobre el **alcance** de las negociaciones y la **eficacia** de los acuerdos que los trabajadores pudieran alcanzar con la empresa y que, de un modo didáctico. Un ejemplo fue resuelto por el TS que confirma que tratándose de una empresa de plantilla reducida que no cuenta con RLPT (16 trabajadores repartidos por varios centros de trabajo en una misma provincia), es válida la negociación con la **totalidad de la plantilla** cuando esta opta voluntariamente por no designar una comisión *ad hoc* en los términos del ET art.41.4 y que, el acuerdo alcanzado, despliega sus efectos sobre todos los trabajadores, incluso aquellos que votaron en contra del acuerdo.

La sentencia recurrida, dictada por el TSJ Asturias 20-12-16, EDJ 239681 consideró que no hay obstáculo para que pueda negociarse con la totalidad de la plantilla en **ausencia de designación de la comisión** *ad hoc*, pero consideraba que el acuerdo alcanzado era de naturaleza plural y no colectiva, por lo que no desplegaba eficacia para aquellos trabajadores que votaron en contra del acuerdo.

Sin embargo, el Alto Tribunal considera que el acuerdo no solo es aplicable para los trabajadores que votaron a favor, sino también para los que **votaron en contra**, pues estos aceptaron formar parte de la negociación en el período de consultas junto con los demás compañeros, en sustitución de la comisión representativa ad hoc que habilita en estos casos la norma estatutaria. Por tanto, a criterio del TS, estos «no pueden pretender ahora ignorar la naturaleza representativa del colectivo negociador por el hecho de que no compartan el resultado final de lo pactado por mayoría» (TS 10-10-19, EDJ 731462).

Ante este tipo de situaciones, los trabajadores no actúan en la negociación a título individual, sino con **carácter colectivo** en los mismos términos y en sustitución de aquella comisión, y, por tanto, al acuerdo así alcanzado con la empresa por mayoría, se le debe atribuir la **misma eficacia** prevista para el que pudiere haberse conseguido con dicha comisión, siendo eficaz incluso frente a quienes votaron en contra.

La introducción de las **actuales reglas de composición** de la mesa negociadora para la negociación en el período de consultas fue llevada a cabo con la entrada en vigor del RD 11/2013, y posteriormente L 1/2014. Desde la entrada en vigor de estas normas, se permite una negociación a través de las denominadas **comisiones «híbridas» o «mixtas»** (ET art.41.4.b), en la que se integran diversas estructuras representativas (comités y/o una pluralidad de delegados de personal del mismo o distintos centros de trabajo) y representaciones formadas por trabajadores del centro (las comisiones *ad hoc*, ET art.41.4.a). No obstante, estas comisiones híbridas ya se venían admitiendo como solución antes de la entrada en vigor de las citadas normas, y tal y como recogía la jurisprudencia; por todos, TS 16-7-15, EDJ 161633 (Federico Navarro Nieto).

c. Negociación de buena fe

La dicción literal del ET art.41 no recoge el deber empresarial de hacer entrega, 5080
al inicio del período de consultas, de una **concreta o específica información** a la representación legal de las personas trabajadoras. Pero, el ET art.41.4 sí contempla que durante el período negociador «las partes deben negociar de buena fe, con vistas a la consecución de un acuerdo».

La buena fe que debe presidir las negociaciones del período de consultas implica para la parte empresarial ofrecer **información adecuada y transparente** sobre las causas motivadoras del procedimiento de MSCT (la medida a aplicar y las causas que la avalen), y debe conectarse con lo dispuesto en el ET art.64 que, entre los derechos de información y consulta del Comité de Empresa, define por información «la transmisión de datos por el empresario al comité de empresa, a fin de que este tenga conocimiento de una cuestión determinada y pueda proceder a su examen».

Debido a que no existe previsión legal alguna al respecto del deber de información y negociación de buena fe, la constante y pacífica doctrina de nuestros Tribunales vienen afirmando que basta para ello que se produzca un **intercambio efectivo de información**.

Con carácter general, la doctrina judicial excluye la mala fe cuando se cumplen los deberes de información, se producen numerosas reuniones en el proceso negociador y hay variación en la posición inicial de la empresa. *Sensu contrario*, **se aprecia mala fe** cuando falta dicha información a proporcionar por la parte empresarial a la parte social y/o las posturas de alguna de las partes en la negociación se mantiene inalterada e inamovible en el transcurso de las reuniones, sin ceder un ápice en las posturas iniciales. Podemos citar, a simple modo de ejemplo, por su carácter ilustrativo sobre la doctrina jurisprudencial de la Sala IV (TS 16-7-15, EDJ 161633).

Por tanto, el período de consultas ha de desarrollarse bajo una verdadera **voluntad de diálogo** y procurando la consecución del acuerdo.

PRECISIONES En un procedimiento de MSCT colectivo de la empresa Pull & Bear España, S.A., en el marco del Plan de Transformación Digital-Horizonte 2022 anunciado por el «Grupo Inditex» al que pertenece la empresa, la Confederación General de Trabajadores (CGT) en su recurso de casación alegaba la **mala fe empresarial** durante las negociaciones porque, tres meses después de haber finalizado el período de consultas, la empresa ofertó puestos y funciones de nueva creación vinculados al proceso de digitalización, las cuales no fueron comunicadas en el transcurso de las negociaciones. Considera el sindicato recurrente que ello vulneraba la buena fe negocial por no haber comunicado la circunstancia en su debido momento ni tampoco haber hecho entrega de documentación pertinente, como así recoge la Dir 98/59/CE.

La Sala rechaza el recurso del sindicato esencialmente porque la alegación contenida en el recurso de casación fue realizada en un escrito de ampliación de la demanda (y no en la propia demanda) y, en todo caso, porque el sindicato recurrente **no refiere qué consecuencias negativas** podría provocar la omisión de dicha información en el período de consultas por parte de la empresa. Además, la documentación sobre dichos nuevos puestos y funciones, tres meses después de finalizado el proceso negociador, probablemente no existiera o no se tendría conocimiento de la misma al tiempo de la solicitud de la medida e inicio de las negociaciones (TS 6-7-23, EDJ 604247).

Esta sentencia es ciertamente ilustrativa sobre el **alcance del deber** de negociación de buena fe y recoge múltiples pronunciamientos de la Sala IV sobre los derechos de información de los representantes legales de las personas trabajadoras o representantes sindicales que se contienen con carácter general en el ET art.64, así como en la Dir 98/59/CE. Entre otras TS 8-9-20, EDJ 660969; TS 26-6-18, EDJ 527775; TS 13-10-15, EDJ 221034; TS 19-4-16, EDJ 78247 y 5-10-16, EDJ 197708.

5085 De la **doctrina jurisprudencial** contenida en dichas resoluciones, la Sala IV recoge una serie de conclusiones sobre el alcance del deber de negociación de buena fe y el derecho de información que podemos resumir en los siguientes puntos:

a) La literalidad del ET art.41.4 no recoge obligación concreta de **entrega de información** específica o indeterminada, limitándose el precepto a señalar que el período de consultas debe ser no superior a 15 días y este debe versar sobre las causas objetivas (económicas, organizativas, técnicas o productivas) que motivan la decisión, así como la posibilidad de reducir sus efectos en la esfera de las relaciones laborales de la compañía.

b) El **contenido** de la información es siempre apropiado si permite a la representación legal de las personas trabajadoras preparar la consulta.

c) La **documentación** de necesaria aportación en los procesos de negociación colectiva tiene carácter instrumental por lo que su finalidad es respetar el derecho de información de la parte trabajadora a los efectos de una negociación transparente y que permita, en su caso, la adopción de un acuerdo colectivo.

d) La negociación de **buena fe** exige poner a disposición de la representación legal de los trabajadores la información necesaria que permita una efectiva negociación entre las partes.

e) En el procedimiento de MSCT no es exigible toda la documentación que el RD 1483/2012 establece para los despidos colectivos por lo que, la falta de entrega de algún documento no comportaría *per se* la **nulidad de la modificación** sustancial de las condiciones de trabajo. Lo anterior no excluye que sea exigible la entrega de documentación trascendente para alcanzar la finalidad que la norma persigue; por todos, el TS 24-7-15, EDJ 144506.

Para concluir hay que añadir que el precepto no impone un **número mínimo de reuniones** durante el período de consultas ni tampoco el contenido de las mismas, por lo que ha de estarse a la posibilidad de que la RLPT sea convocada, conozca las causas y adopción de medidas pretendidas por la empresa, y puedan participar en la negociación aportando propuestas, soluciones o mostrando su rechazo.

PRECISIONES Resulta interesante el caso donde se denunció la **mala fe patronal** en el desarrollo de las negociaciones **parte de la documentación en inglés**, lo que dificultaba el análisis de la misma por la RLPT, como así manifestó insistentemente en múltiples ocasiones durante las negociaciones. La Sala de lo Social de la AN confirma la mala fe empresarial en el proceso negociador pues, aparte de haberse celebrado nada menos que 9 reuniones, la empresa concibió el período de consultas como un «mero trámite» y, sobre la documentación entregada en lengua extranjera, la AN confirma que, a pesar de que en la empresa y su entorno, así como en el día a día, se emplee la lengua inglesa, los asesores de los trabajadores no tienen por qué conocer el idioma. A modo de ejemplo la AN 30-11-20, EDJ 730538; confirmada por el TS 2-11-21, EDJ 734589; o AN 17-4-20, EDJ 548920 y de 18-10-21, EDJ 722828 (AN 5-4-22, EDJ 541676).

Por otro lado, **no cabe alegar mala fe** cuando las actas de las reuniones del período de consultas revelan la existencia de propuestas y contrapropuestas y se respondieron a las peticiones de contrario; TS 20-4-23, EDJ 559869. **5090**

Como es fácilmente observable, y a modo de corolario sobre el deber de negociación de buena fe, hay que **analizar caso por caso** si ha existido una buena o mala fe negocial en función de las concretas medidas propuestas, posición inicial y última en el proceso negociador, complejidad, contextos socioeconómicos por las que atraviesa la empresa y el mercado en el que opera, número de personas trabajadoras afectadas, antecedentes, etc.

Estos parámetros (y otros) determinan, en uno u otros casos, si el período de consultas ha cumplido con las exigencias legales o si, por el contrario, se ha planteado como un **mero trámite formal** por la empresa para, de un modo directo, aplicar la medida pretendida *ab initio* sin oír ni atender en el proceso negociador a las propuestas sociales.

d. Deber de información

Otra de las exigencias del período de consultas es el deber de la empresa de aportar información suficiente a la parte social **sobre las causas** que justifican la decisión de adoptar medidas de modificación sustancial de las condiciones de trabajo. Es ilustrativo el caso resuelto por el TS que declara la nulidad de la decisión empresarial por considerar que la empresa no había aportado **información adecuada** a la representación legal de las personas trabajadoras en el período de consultas, y ello a pesar de facilitar, y citamos textualmente, «una información ingente». **5100**

Sin embargo, a juicio de la AN en instancia (AN 13-2-17, EDJ 7531) que, posteriormente sería confirmado por el Alto Tribunal, para dar cumplimiento adecuado al deber de información no basta con facilitar una **documentación voluminosa o «ingente»** a la RLPT, si la misma no es fácilmente entendible para la parte social

5100 (sigue) y/o se acompaña de una explicación comprensible del contenido que, en definitiva, permita una negociación transparente e informada por todas las partes. En el procedimiento judicial se debatía sobre la validez o no de la modificación de los horarios de atención al público en un servicio de *contact center* por parte de la empresa cliente (Telefónica) y, por consiguiente, la **modificación del régimen de jornada** que, finalmente, se determinaría su nulidad por la falta de información adecuada facilitada en el período de consultas (TS 26-6-18, EDJ 527775).

En relación con el deber de información, es pacífica nuestra **doctrina judicial** a la hora de considerar que no son aplicables las reglas que sobre este particular rigen para los despidos colectivos (ET art.51) o las suspensiones de contratos de trabajo y reducciones de jornada (ET art.47), sino que para las modificaciones sustanciales de las condiciones de trabajo de carácter colectivo debemos acudir a las previsiones del ET art.64.1, precepto que regula las exigencias generales sobre información y consulta a los representantes de los trabajadores.

Se entiende por **información suficiente** aquella que permite alcanzar los objetivos del período de consulta, puesto que, si los representantes de los trabajadores no disponen en tiempo hábil de los elementos de juicio, en los que la empresa fundamenta su medida, el período de consultas se vacía de contenido (TSJ Madrid 28-1-22, EDJ 511358, que se apoya en el TS 15-4-15, EDJ 86990. En el mismo sentido AN 15-2-13, EDJ 19544).

La empresa no solo debe exponer la características concretas de las modificaciones que pretende introducir, su necesidad y justificación, sino que también, en el marco de la obligación de negociar de buena fe, debe facilitar de manera efectiva a los representantes legales de los trabajadores la **información y documentación necesaria**, incumbiendo igualmente a la empresa la carga de la prueba de que ha mantenido tales negociaciones en forma hábil y **suficiente** para entender cumplimentados los requisitos expuestos, pues de no ser así, se declarará nula la decisión adoptada (TS 16-11-12, EDJ 263611).

No puede entenderse cumplido el deber de información si la empresa se niega a aportar suficientes datos o documentos en el proceso negociador, de forma que se impida el adecuado conocimiento por los trabajadores de las causas y alcance de la medida propuesta, pues en estas circunstancias quedarían las consultas sin contenido real y se estaría ante un subterfugio de la empresa para cumplir solo formalmente con el requisito legal.

Para adverar el cumplimiento del requisito de «información suficiente» debe analizarse en cada caso en concreto el alcance de la posición empresarial y la manera en la que han discurrido las negociaciones. Una ingente cantidad de documentación de **imposible comprensión** no cumple con la función de información y consulta a los representantes de los trabajadores (AN 13-2-17, EDJ 7531).

No es cuestión, por tanto, de la **cantidad** de documentación aportada y ofrecida para consulta de la representación legal de los trabajadores, sino de la **calidad** de la misma; obviamente, dando también cumplimiento a aquella documentación que, por exigencia de la causa en que se fundamente la MSCT, sea de preceptiva aportación como pudiera ser, en caso de causas económicas, p.e., la información contable y financiera a que alude el RD 1473/2012.

e. Documentación a aportar

Al contrario de lo que sucede con otras medidas de flexibilidad interna contempladas en nuestra legislación laboral, como son los despidos colectivos (ET art.51) o las suspensiones de contratos de trabajo y reducciones de jornada (ET art.47), que cuentan con un explícito desarrollo reglamentario en el RD 1483/2012, las modificaciones sustanciales de las condiciones de trabajo de carácter colectivo no cuentan con dicho desarrollo reglamentario, por lo que multitud de circunstancias que rodean al proceso negociador, así como las obligaciones de información o documentación, se deben **complementar con la aplicación análoga** de dicha normativa y de otros preceptos del ET, además de los pronunciamientos de la doctrina judicial que, en atención a los supuestos de hecho en particular, determinan en unos casos una correcta adecuación empresarial a la explicación de la causa y adecuación de la medida y, en otros, la nulidad o declaración injustificada de las mismas. **5120**

En la modificación sustancial de condiciones de trabajo **no es exigible toda la documentación** que el RD 1483/2012 establece para el despido colectivo, y, aunque se admitiera que pudiera exigirse dicha documentación, la falta de algún documento no comportaría *per se* la nulidad de la modificación (TS 17-7-23, EDJ 634174).

Acerca de la documentación preceptiva que debe aportarse al período de consultas por parte de la empresa, la doctrina judicial pacífica admite que **no existe previsión legal expresa** que contenga la obligatoriedad de aportar determinada documentación, en función de la causa en que se sustente la medida que se pretende implantar. No obstante, es imprescindible la aportación de documentación que justifique la medida a adoptar, en todo caso (TS 6-6-23, EDJ 604247).

Y, para los supuestos de modificación sustancial de las condiciones de trabajo de carácter colectivo, nuestra **doctrina jurisprudencial** pacífica se apoya en los preceptos del ET que regulan el derecho de información y consulta de los RLPT, entre otros:

a) «Se entiende por información la **transmisión de datos** por el empresario al comité de empresa, a fin de que éste tenga conocimiento de una cuestión determinada y pueda proceder a su examen» (ET art.64.1.2).

b) «La información se debe facilitar **por el empresario al comité de empresa**, sin perjuicio de lo establecido específicamente en cada caso, en un momento, de una manera y con un contenido apropiados, que permitan a los representantes de los trabajadores proceder a su examen adecuado y preparar, en su caso, la consulta y el informe» (ET art.64.6).

PRECISIONES Fiel **reflejo de ello** lo observamos en el TS 8-9-20, EDJ 660969. Y, también, TS 16-7-15, EDJ 161633; así como TS 3-11-14, EDJ 280838; TS 10-12-14, EDJ 261509; 16-12-14, EDJ 253969; 15-4-15, EDJ 86990; 9-6-15, EDJ 168188; 24-7-15, EDJ 144506; 13-10-15, EDJ 221034; 14-10-15, EDJ 244246; 23-10-15, EDJ 230711 o 9-11-15, EDJ 259276.

Continuando con la **doctrina jurisprudencial**, el TS concluye que la falta de entrega de información esencial que justifica la causa económica en el período de consultas deriva en la anulación del proceso negociador (TS 26-6-18, EDJ 527775). También declara el TS **la nulidad del proceso negociador** al no haber aportado la empresa, para la justificación de la causa económica, las cuentas provisionales de 2019 con ocasión de la COVID-19 (TS 17-7-23, EDJ 634174). **5125**

Como razona el Alto Tribunal, la empresa ya disponía de dicha documentación con carácter previo al inicio del proceso negociador, por lo que no fue excusa su falta de aportación con motivo de la pandemia. Esta sentencia de la Sala IV sigue la línea de otras anteriores acerca del deber documental de la empresa y su **aportación tardía**; por ejemplo, en el caso de las cuentas auditadas del ejercicio anterior (en posesión de la empresa) o la **omisión** de las cuentas provisionales del ejercicio en curso, siendo ello motivos para declarar la nulidad de la MSCT por infringirse el proceso negociador en lo que concierne al deber documental, (TS 13-10-15, EDJ 221034).

Se considera que es nula la decisión empresarial de reducción salarial por no aportar la documentación relativa a la **situación económica de forma actualizada** (correspondiente a los meses previos a la apertura del período de consultas), probándose en este supuesto una mala fe empresarial en el marco del proceso negociador, pues la empresa hizo entrega de las cuentas provisionales al auditor para elaborar el informe y, sin embargo, no facilitó la misma a la representación legal de las personas trabajadoras, evidenciándose además una posición injustificada e inamovible en las reuniones durante el período de consultas que resulta contraria a la buena fe (TS 8-9-20, EDJ 660969).

Resulta importante recordar que la existencia de acuerdo entre empresa y representación legal de las personas trabajadoras presume la **existencia de causa** que justifica la adopción de la medida y, también, que la documentación entregada es la legalmente exigida, siendo que la falta de aportación de alguna documentación que pudiera considerarse esencial solo tiene virtualidad si la misma pudiera haber repercutido negativamente sobre la adopción del acuerdo (TS de 18-11-15, EDJ 253747).

PRECISIONES El TS en el asunto Hewlett Packard considera que la **aportación extemporánea** de las cuentas anuales al período de consultas (no aportarlas en el trámite de apertura) no es motivo suficiente para declarar la irregularidad del proceso, pues fueron aportadas durante las negociaciones y la representación social pudo valorarlas y emitir informe, por lo que no todo incumplimiento formal comporta la consecuencia de nulidad (TS 16-7-15, EDJ 161633).

f. Criterios de designación

5135 En cuanto a los criterios de designación de la plantilla afectada por una medida colectiva de modificación sustancial de las condiciones de trabajo, el ET art.41 **no impone a la empresa** el deber de establecerlos, al contrario de lo que sucede para los supuestos de negociación en los despidos colectivos, ET art.51.

Por ese motivo, el TS desestima el recurso de los sindicatos quienes pedían la nulidad del procedimiento porque la **empresa modificó el listado inicial** de personas trabajadoras afectadas por la medida de MSCT pues, de 177 trabajadores y otras posibles 20 afectaciones, y una vez finalizado el período de consultas, la empresa aportó un nuevo documento que contemplaba la afectación de la medida a 243 personas trabajadoras y otras 45 posibles afectaciones, sin haber justificado las razones de dicho incremento (TS 20-3-24, EDJ 528941).

El Alto Tribunal zanja el debate de modo ilustrativo e indica que:

«El ET art.41 solo obliga a negociar sobre las causas y la posibilidad de **evitar y reducir sus efectos**, pero no impone la determinación desde un inicio del número de personas trabajadores susceptibles de ser afectadas por la medida».

En cualquier caso, si la parte social considera **oscuros o poco claros los criterios** para definir la afectación o desafectación de la plantilla, durante las negociaciones de una MSCT colectiva, son en estas donde deben ponerlo de manifiesto conforme al principio de buena fe negocial pues, de lo contrario, se presupone la aceptación por la parte social de los criterios de afectación de las personas trabajadoras llevados a cabo por la empresa, no pudiendo ser alegado *ex novo* en el procedimiento judicial en que se impugna la decisión empresarial.

g. El acuerdo y su validez

5145 El acuerdo adoptado en el período de consultas por la comisión negociadora, entre la empresa y la comisión representativa de las personas trabajadoras, debe ser **refrendado por la mayoría** de estos de los miembros del comité o comités de empresa, de los delegados de personal, en su caso, o de la mayoría de los miembros de la comisión representativa de los trabajadores siempre que, en ambos casos, representen la mayoría de los trabajadores del centro o centros de trabajo afectados.

En los procedimientos de MSCT **se presume que concurren las causas** justificativas de la modificación (económicas, técnicas, organizativas o de producción) cuando el período de consultas finaliza con acuerdo de la comisión negociadora, pudiendo solo ser impugnado ante los órganos de la jurisdicción social por existencia de fraude, dolo, coacción o abuso de derecho, y sin perjuicio del derecho de las personas trabajadoras, a título individual, de ejercitar la opción por la extinción del contrato de trabajo a que alude el ET art.41.3.2 párrafo.

Sin embargo, la **presunción de concurrencia** de las causas en los procedimientos de MSCT colectivos (ET art.41), expedientes de regulación temporal de empleo (ERTE) (ET art.47), o inaplicaciones de convenio colectivo (ET art.82), no rige para los supuestos de despido colectivo (ET art.51), al hilo de la TCo 140/2021, que **corrigió el criterio** empleado por el TS 2-7-18, EDJ 2250.

En procesos de medidas de flexibilidad interna como son las modificaciones sustanciales de las condiciones de trabajo, no implica vulneración del **derecho a la tutela judicial efectiva** Const art.24. El ET art.41.4 in fine dispone una presunción de concurrencia de causa legal para la modificación sustancial si el periodo de consultas concluye con acuerdo, para dar así certidumbre y seguridad a las partes que alcanzaron el acuerdo, en cuyo caso «solo puede ser impugnado ante la jurisdicción competente por la existencia de fraude, dolo, coacción o abuso de derecho en su conclusión», presunción que puede entenderse «iuris tantum» y no «iuris et de iure», eso sí, trasladándose a quien impugna la decisión la carga de desvirtuar la concurrencia de la causa (AN 30-7-19, EDJ 683575).

5150 Si el período de consultas **finaliza sin acuerdo**, la medida de MSCT puede ser adoptada por el empresario mediante notificación individual a cada una de las personas trabajadoras afectadas, surtiendo efectos en el plazo de 7 días siguientes a su notificación ET art.41.5. Esta **notificación** es obligatoria también respecto de los representantes legales de las personas trabajadoras, aunque el derecho sustantivo no lo recoja, pues el ET art.59.4 y LRJS art.138.1 sí establecen, al regular el *dies a quo* para impugnar la medida colectiva judicialmente, la notificación a quienes se encuentran legitimados para ejercitar la acción judicial correspondiente, y ello, aunque la empresa no siguiera el procedimiento ET art.41.

Así, p.e., cuando se trata de modificaciones sustanciales colectivas de las condiciones de trabajo y se cierra el periodo de consultas sin acuerdo, es preciso que se lleve a cabo la **notificación fehaciente de la decisión empresarial** de llevarlas a cabo a los representantes de los trabajadores, para que estos puedan interponer, en su caso, las reclamaciones correspondientes previstas en el propio ET art.41.5, párrafo segundo, y LRJS art.138 y 151 s. (TS 20-3-24, EDJ 528941, que trae a colación otros pronunciamientos del Alto Tribunal; por todas, TS 22-3-18, EDJ 37518; con cita al TS 21-5-13, EDJ 103121; 21-10-14, EDJ 261501 y 9-6-15, EDJ 105800).

El hecho de no alcanzar acuerdo en el período de consultas y que el empresario pueda modificar unilateralmente las condiciones de trabajo previstas en el propio contrato de trabajo, o aquellas adoptadas por condición más beneficiosa o consolidación de un derecho, o en acuerdos o pactos de naturaleza colectiva, **no vulnera el derecho** a la negociación colectiva si supera el triple juicio de idoneidad, necesidad y proporcionalidad:

a) Idoneidad; por tratarse de una medida adecuada para alcanzar el fin pretendido (evitar la destrucción del puesto de trabajo).

b) Necesidad; al no implicar para los trabajadores un sacrifico patentemente innecesario de los derechos que la Constitución garantiza.

c) Proporcionalidad; la aplicación de la medida siempre es más ventajosa para el derecho al trabajo, que perjudicial para la negociación colectiva (TCo 8/2015).

3. Ideas Clave

5155 ✓ Por exclusión sobre cuándo la MSCT tiene consideración de colectiva, definida en el ET art.41.2, es de **carácter individual** la modificación que afecte a un solo trabajador o a un grupo de trabajadores siempre y cuando, en el período de referencia indicado en el precepto (90 días), no alcance los umbrales señalados para las modificaciones colectivas.

✓ Cuando el empresario, con el objeto de eludir las previsiones contenidas en el precepto, realice modificaciones sustanciales de las condiciones de trabajo en **períodos sucesivos** de 90 días en número inferior a los umbrales que establece el apartado segundo para las modificaciones colectivas, y sin que concurran causas nuevas que justifiquen la MSCT, las nuevas modificaciones se considerarán efectuadas en fraude de ley y son declaradas nulas y sin efecto.

✓ Conforme al ET art.41.3, la **notificación de la modificación** sustancial al trabajador debe cumplir un plazo de preaviso de al menos quince días a la fecha de su efectividad.

✓ La notificación de MSCT debe efectuarse **por escrito** por dos motivos principalmente:

– Para evitar la inseguridad jurídica sobre la fecha de notificación de la modificación sustancial.

– Para que no exista dudas sobre el contenido de la modificación por parte de la empresa, debiendo indicar no solo la causa objetiva en que apoya la decisión (económica, productiva, técnica u organizativa), sino la razonabilidad de la medida y en qué forma ésta contribuye a la posición competitiva de la empresa y mejora de su situación en el contexto del mercado en el que opere. **5155** (sigue)

- ✓ El procedimiento para la **MSCT colectiva**, recogido en el ET art.41.4, refiere una serie de exigencias, formalidades y prerrogativas que la empresa ha de respetar cuando pretenda efectuar alteraciones en las condiciones de trabajo de sus trabajadores de modo colectivo.

- ✓ El **período de consultas** o período de negociación entre empresa y representación legal de las personas trabajadoras no debe ser superior ab initio a los quince días. Este cumple una doble función: es un instituto garante y proteccionista, así como de control por la parte social.

- ✓ Las **reglas de composición** de la mesa negociadora en los procedimientos colectivos, resulta de vital importancia en el derecho colectivo del trabajo, pues es el ET art.41 es la norma encargada de determinar los sujetos negociadores, no solo para las modificaciones sustanciales de las condiciones de trabajo, sino también para:
  - los despidos colectivos (ET art.51);
  - traslados colectivos (ET art.40);
  - movilidad funcional sustancial (ET art.39.4);
  - suspensiones del contrato de trabajo y reducciones de jornada (ET art.47);
  - inaplicación de convenio colectivo (ET art.82); y
  - sucesiones de empresa, en su caso (ET art.44).

- ✓ Actúan como **interlocutores** de la parte social en el período negociador, la representación legal de las personas trabajadoras que haya definida en función del **número de centros** de trabajo afectados por la medida, así como de la existencia o inexistencia de representantes legales de las personas trabajadoras en todos o algunos de los centros de trabajo afectados.

- ✓ **Comisión «ad hoc»**: En aquellos casos en que la plantilla no cuente con representantes legales de los trabajadores, la norma ha establecido la posibilidad de que por el conjunto de los trabajadores se cree una denominada comisión *ad hoc* de un máximo de tres miembros y elegidos democráticamente entre estos. Esta figura pretende dar solución legal al vacío representativo que, en muchas pequeñas y medianas empresas, pueda darse.

- ✓ El **principio de buena fe** debe regir el período negociador, siendo constante y pacífica doctrina de nuestros tribunales que para ello debe producirse un efectivo y transparente intercambio de información, desarrollándose una verdadera voluntad de diálogo con el objeto de alcanzar un acuerdo entre las partes.

- ✓ En cuanto a la **documentación exigible** y que la empresa debe proporcionar a la parte social, en la modificación sustancial de condiciones de trabajo no es exigible toda la documentación que el RD 1483/2012 establece para el despido colectivo, y, aunque se admitiera que pudiera exigirse dicha documentación, la falta de algún documento no comportaría *per se* la nulidad de la modificación (TS 17-7-23, EDJ 634174).

5155 (sigue)

✓ En cuanto a los **criterios de designación** de la plantilla afectada por una medida colectiva de modificación sustancial de las condiciones de trabajo, el ET art.41 no impone a la empresa el deber de establecerlos, al contrario de lo que sucede para los supuestos de negociación en los despidos colectivos, ET art.51.

✓ En los procedimientos de MSCT se presume que concurren las **causas justificativas** de la modificación (económicas, técnicas, organizativas o de producción) cuando el período de consultas finaliza con acuerdo de la comisión negociadora, pudiendo solo ser impugnado ante los órganos de la jurisdicción social por existencia de fraude, dolo, coacción o abuso de derecho, y sin perjuicio del derecho de las personas trabajadoras, a título individual, de ejercitar la opción por la extinción del contrato de trabajo a que alude el ET art.41.3.2 párrafo.

Capítulo 6. Opciones del trabajador frente a la MSCT

6000

Una vez comunicada al trabajador la modificación sustancial de sus condiciones de trabajo al trabajador se le presentan **varias opciones**, pudiendo proceder el trabajador a:

a) aquietarse a dicha modificación y admitir la modificación de sus condiciones de trabajo;

b) extinguir la relación laboral con la indemnización legalmente prevista por el ET art.41.3;

c) impugnar judicialmente la decisión empresarial y, en caso de entenderse justificada, solicitar la extinción indemnizada de la relación laboral al amparo del ET art.41.3; o

d) solicitar la rescisión de la relación laboral al amparo del ET art.50 en el caso de considerar que la modificación sustancial de sus condiciones atenta contra su dignidad.

1. Aquietamiento del trabajador

En el caso de que el trabajador **acepte la modificación** de sus condiciones, le bastaría con permanecer inactivo ante la misma si bien podría, si así lo desea, comunicar a la empresa la aceptación de la modificación. En este primer supuesto, no se prevé indemnización o compensación de daños y perjuicios, aunque podría llegar a pactarse. 6010

Esta primera opción del trabajador realmente no consiste en una aceptación, ni siquiera tácita, ya que no se está ante un negocio jurídico novatorio. Consiste en la **inactividad del trabajador** ante la modificación y, aunque el ET art.41 no contempla expresamente esta posibilidad, es evidente que la misma existe como tal para el caso de que el trabajador no accione contra la medida ni rescindiendo su contrato ni impugnándola, dejando transcurrir los plazos establecidos para accionar contra la misma.

Esta opción corresponde al trabajador, tanto si se trata de una modificación individual como colectiva. No obstante, en el caso de las **colectivas**, este aquietamiento individual del trabajador no limita las facultades que el legislador reconoce a los representantes de los trabajadores para actuar contra las modificaciones operadas.

2. Rescisión del contrato

(ET art.41)

6020 Dentro de la rescisión del contrato de trabajo, en este apartado, se van a estudiar los supuestos de rescisión por parte del trabajador (nº 6025), el perjuicio ocasionado que permite la rescisión (nº 6035), el importe de la indemnización (nº 6050), el ejercicio de la posibilidad de rescisión (nº 6060) y el plazo para realizarla (nº 6070).

a. Supuestos de rescisión

6025 El trabajador **está facultado** para rescindir su contrato de trabajo cuando el empresario le haya comunicado una modificación contractual y ello atendiendo a los perjuicios que el cambio de condiciones le produce respecto a sus condiciones anteriores y que le permiten rescindir su relación laboral con derecho a la indemnización legalmente establecida.

La acción resolutoria reconocida al trabajador, precisamente, trata de **paliar los efectos** derivados de una alteración contractual que sobrepasa el límite previsto legalmente.

Nadie puede ser obligado a trabajar de **forma distinta a la pactada** en el contrato. De ahí que, el ET art.41, reconoce al trabajador que resulte perjudicado por la decisión patronal, el derecho a rescindir su contrato y a percibir una indemnización de 20 días de salario por año de servicio, que es la que abonó la empresa en este caso, tanto si la modificación sustancial es de carácter individual (número 3) como si es colectiva (número 4). Y no condiciona dicho derecho a la **previa impugnación** de la decisión empresarial ante la jurisdicción competente, sino que habilita al trabajador a rescindir directamente su contrato sin necesidad de esperar la confirmación judicial de que la medida adoptada es correcta (TS 18-9-08, EDJ 203687).

El ET art.41.3 **autoriza a los trabajadores** a resolver el contrato si una modificación sustancial de las condiciones de trabajo les produce un perjuicio. La acción resolutoria que se les reconoce trata de paliar los efectos derivados de una alteración contractual que sobrepasa unos límites objetivos, evitando a su vez que las decisiones unilaterales de la empresa se fundamenten en valoraciones subjetivas (TS 4-12-18, EDJ 671818).

Pero **solo en los supuestos** en los que la modificación afecte a las materias previstas el ET art.41.1.a, b, c, d, f (es decir, cuando afecte a jornada de trabajo, horario y distribución del tiempo de trabajo, régimen de trabajo a turnos, sistema de remuneración y cuantía salarial, y funciones), el trabajador que resulte perjudicado por la modificación tiene derecho a la rescisión de su contrato. Queda, por tanto, **excluida la posibilidad** de que el trabajador solicite la rescisión de su contrato en el caso de modificaciones sustanciales que afecten al sistema de trabajo y rendimiento, frente a la regulación anterior a la reforma del precepto por el RDL 3/2012, que excluía también la modificación de funciones. Si bien se ha pretendido justificar la exclusión del sistema de trabajo y rendimiento de los supuestos en los que el trabajador afectado por la modificación puede instar la rescisión de su contrato atendiendo a la escasa incidencia real que puede tener este tipo de modificación en los intereses del trabajador, lo anterior no siempre resulta cierto ya que dichas modificaciones en ocasiones sí pueden tener una incidencia considerable sobre el trabajador. **6025** (sigue)

En dicho sentido, se pueden plantear algunas dudas sobre la exclusión del **sistema de trabajo y rendimiento de las condiciones** cuya modificación permitiría la rescisión del contrato de trabajado, ya que la exigencia de perjuicios ocasionados al trabajador afectado por una modificación sustancial para que el mismo pueda proceder a extinguir su contrato de trabajo, supone, como se indicará, que el trabajador debe probar el perjuicio, por lo que lógico sería que la resolución indemnizada solamente dependiera de esta específica circunstancia, pero no de las concretas condiciones modificadas.

La **enumeración** que lleva a cabo el ET art.41.1 sobre las condiciones que resultan modificables a través de una modificación sustancial no es taxativa, sino que constituye un *numerus apertus*, como con claridad se deduce de la expresión «entre otras» con que el párrafo segundo de dicho precepto legal introduce el correspondiente listado. Aunque la mayoría de las modificaciones afectan a las condiciones enumeradas, los tribunales ya han admitido la posibilidad de acudir al procedimiento de modificación sustancial para la supresión o variación, según las circunstancias del caso, de las **mejoras voluntarias pactadas** individualmente (AN 26-5-14, EDJ 76057), asunto Liberbank, por lo que cabe plantearse si en ese caso tratándose de condiciones no previstas en el ET art.41.3, es posible la rescisión, siendo lo cierto que el carácter de *numerus clausus* que existe en la enumeración del ET art.41.3 parece excluir dicha posibilidad.

PRECISIONES Si el legislador hubiera querido que **toda modificación sustancial** de condiciones comportara el derecho a que las personas afectadas pudieran extinguir su contrato con derecho al percibo de la indemnización expuesta (ET art.41.3) y acceder a la situación legal de desempleo (LGSS art.267.1.5) debiera haber redactado el ET art.41.3 en otros términos porque en él no hay automatismo, sino supeditación de la facultad tipificada a que concurra una circunstancia adicional a la de haberse introducido un cambio relevante en las condiciones de empleo. Que el sujeto afectado «resultase perjudicado» significa que lo uno (introducción de una MSCT afectante a la remuneración) no comporta lo otro (perjuicio)» (TS 23-7-20, EDJ 618583).

b. Concepto de perjuicio ocasionado que permite la rescisión

6035 Tal y como prevé expresamente la norma, para que el trabajador pueda rescindir su contrato de trabajo al amparo del ET art.41.3, tiene que resultar **perjudicado por la modificación**. Los perjuicios ocasionados han de ser reales, constatables y de significativa entidad.

El TS sienta una importante y clara doctrina sobre el **alcance de los perjuicios** que pueden permitir la rescisión del contrato de trabajo por parte del trabajador afectado por una modificación sustancial de condiciones de trabajo (TS 18-10-16, EDJ 202716):

a) Para que proceda la rescisión indemnizada del contrato debe **acreditarse la existencia** de un perjuicio, prueba cuya carga incumbe a quien lo sufre por ser el elemento constitutivo de su pretensión y por ser la parte que mejor conoce el daño y puede probarlo (LEC art.217.1).

b) Es **imposible presumir la existencia** del perjuicio, al no existir ninguna disposición legal que lo permita.

c) La interpretación lógica, sistemática y finalista de los preceptos en presencia (ET art.41.3 y art.40.1) muestra que en la modificación sustancial de condiciones de trabajo **la rescisión indemnizada** del contrato se condiciona a la existencia de un perjuicio, lo que no hace en los supuestos de traslados forzosos, lo que evidencia que en estos casos si da por probado el perjuicio.

d) Que la modificación de las condiciones deba ser sustancial evidencia que **el perjuicio debe ser relevante**, pues en otro caso no se establecería la posibilidad de rescisión contractual que la ley reserva para los graves incumplimientos contractuales (ET art.50).

e) No sería razonable, ni proporcional, sancionar con la rescisión contractual indemnizada cualquier modificación que ocasionara un **perjuicio mínimo**, al ser ello contrario al espíritu de la norma que persigue la supervivencia de la empresa en dificultades, económicas en este caso, que se agravarían si todos los afectados rescindiesen sus contratos.

La extinción **no es automática**, sino que se encuentra condicionada a la existencia de un perjuicio. En este contexto, no cabe presumir la existencia del perjuicio pues no hay disposición legal que lo permita. La prueba de aquel perjuicio es una carga que incumbe a quien lo sufre por ser el elemento constitutivo de su pretensión y por ser la parte que mejor conoce el daño y puede probarlo. La interpretación lógica, sistemática y finalista de los preceptos en presencia (ET art.41.3 y 40.1) muestra que, en la modificación sustancial de las condiciones de trabajo, la rescisión indemnizada del contrato se condiciona a la existencia de un perjuicio, lo que no hace en los supuestos de traslados forzosos, lo que evidencia que en estos casos sí da por probado el mismo.

No cabe apreciar **culpabilidad** –justificativa de un despido disciplinario– cuando el trabajador no acude a su puesto de trabajo por haber manifestado previamente al empresario su voluntad de rescindir unilateralmente el contrato por modificación sustancial de condiciones de trabajo, habiendo intentado acreditar los perjuicios que un cambio horario le genera, pues no es necesario esperar la confirmación judicial de que la medida adoptada es correcta (TS 18-10-16, EDJ 202716).

En ese sentido, obviamente pueden existir modificaciones que resulten en cierta medida **favorables para los trabajadores** (pensemos en una modificación de horario que elimina la prestación de servicios durante el fin de semana), aunque es cierto que cuando se trata de una rebaja retributiva la existencia de perjuicio resulta difícil de negar, si bien debe tener una cierta relevancia, que ha venido a situarse jurisprudencialmente en un porcentaje que suponga una disminución sobre el 5 o 7% del importe del salario.

En dicho sentido se entiende que, en una **reducción temporal del salario** en un 3'87%, la opción por la extinción indemnizada exige prueba de que el perjuicio sea grave sin que el mismo se presuma. En concreto, entiende que así se desprende de una «interpretación lógica, sistemática y finalista del ET art.41 en relación con el ET art.40.1» y porque el tratamiento que da el ET art.41.3 es igual a todas las modificaciones, lo que supone que para que proceda la rescisión indemnizada del contrato debe acreditarse la **existencia de un perjuicio**, prueba cuya carga incumbe a quien lo sufre por ser el elemento constitutivo de su pretensión y por ser la parte que mejor conoce el daño y puede probarlo (LEC art.217), sin que pueda presumirse su existencia al no existir ninguna disposición legal que lo permita. Por lo tanto, la sustancialidad de la modificación no resulta equiparable a la existencia del perjuicio necesario que permita la posibilidad de que el trabajador pueda rescindir su contrato de trabajo.

Analizando supuestos concretos resueltos por los Tribunales: **6040**

a) No existe perjuicio:

– no se ha considerado la **concurrencia** de un perjuicio a los efectos de permitir la rescisión del contrato el caso de una reducción temporal de salario en un 3'87% (TS 18-10-16, EDJ 202716);

– cuando se solicita la rescisión antes de la entrada en vigor del Acuerdo, y no existen datos concretos del perjuicio que le ocasiona ya sea en el sistema de trabajo ya sea en la remuneración o en la jornada de la misma por lo tanto **no existen datos** que nos permitan llegar a la conclusión de que es justificada la rescisión del contrato indemnizada como se pretende por la misma (TSJ Granada 9-9-20, EDJ 760321);

– la **reducción salarial** del 5% sobre el salario bruto anual, y retraso del pago de nóminas al día 10 del mes siguiente al del devengo (TSJ Madrid 22-11-17, EDJ 295632);

– no procede acceder a la rescisión al no haber acreditado la trabajadora que la **modificación de la jornada** laboral le genera perjuicios (TSJ Las Palmas 31-1-13, EDJ 183314);

– adelanto de una hora en el **inicio y finalización** de la jornada: por la falta de acreditación de que se le haya ocasionado un perjuicio al trabajador afectado (TSJ Cataluña 9-10-17, EDJ 538027).

b) Existe perjuicio. Se ha considerado la **existencia de un perjuicio** ocasionado por una modificación sustancial de condiciones de trabajo a los efectos de que el trabajador pueda optar por la rescisión de su contrato en los supuestos siguientes:

– la modificación introducida por la empresa unilateralmente que afecta al **sistema de turnos** con la implantación de turno de noche, por los perjuicios ocasionados en la relación paterno-filial y familiar (TSJ Aragón 7-6-21, EDJ 895170);

6040 (sigue) – por el incremento de la jornada laboral en 7 días al año (por supresión de la «**pausa para bocadillo**» como jornada efectiva): y por pérdida de incrementos en las anualidades siguientes (TSJ de Navarra 3-10-22, EDJ 784812);

– cuando la modificación comportaba para el actor el desplazamiento desde el punto de recogida a cualquier sitio dentro de la provincia y municipios limítrofes, que su **jornada pasa a ser partida** y no por turnos y que deja de prestar servicios en turno de noche, no percibiendo ya el plus de nocturnidad, lo que reduciría sus retribuciones (TSJ de Galicia 26-5-20, EDJ 584890).

Siendo destacable que se atienda a la **situación concreta** del propio trabajador a los efectos de valorar si la modificación ocasiona un perjuicio de suficiente entidad como para permitir la rescisión de su contrato de trabajo, tal y como sucede en el caso del adelanto en una hora el inicio de la jornada laboral, causando perjuicio a la trabajadora, pues que, debiendo atender la trabajadora al cuidado de dos niñas menores de edad, cambio que se entiende que produce perjuicios a la misma, pues ha de preocuparse de que alguien vele por ellas en esa previa hora y a estos efectos (TSJ de País Vasco 17-9-19, EDJ 700589).

Por lo anterior, resulta factible considerar que **una misma modificación de condiciones** permita o no la rescisión del contrato del trabajador afectado dependiendo de su concreta situación familiar o personal y de los perjuicios que le supone la modificación a un trabajador concreto, como se puede comprobar en el supuesto de las dos sentencias referidas con anterioridad en las que se viene a analizar si un adelanto en una hora al inicio de la jornada laboral permite la rescisión del contrato de trabajo, siendo afirmativo en el caso resuelto por el TSJ País Vasco y negativo en el resuelto por el TSJ Cataluña.

La atención a las **circunstancias personales y familiares** se valora también en el caso de un trabajador que se ve afectado por un cambio de jornada, de lunes a viernes pasa a hacerlo también fines de semana, lo que implica una alteración en el régimen de vida del trabajador y que probablemente repercutirá en la atención a sus familiares enfermas (TSJ Valladolid 8-11-19, EDJ 261322).

El perjuicio que puede estar relacionado tanto con la posición contractual como con la **personal y familiar** del trabajador afectado, que no se exige sea el específico para la formación profesional o la dignidad del trabajador (si exigibles en el supuesto de la extinción del ET art.50 en la redacción vigente en el momento del dictado de la mencionada sentencia) y que se entiende que concurre cuando la modificación de horario impide al trabajador atender a su hijo de dos años (TSJ Navarra 19-11-02, EDJ 65740).

Sin embargo, en ocasiones se ha venido a considerar que la **excesiva onerosidad** debe ser valorada en términos objetivos, y no en base a meras apreciaciones subjetivas, ya que la enumeración legal de los supuestos que dan derecho a la extinción indemnizada debe interpretarse como un intento dirigido a objetivar el riesgo.

En relación a lo anterior, los Tribunales pueden **dispensar de la necesidad de prueba** por considerar el perjuicio como hecho notorio, por ejemplo en caso de que la modificación implique un horario en trabajo nocturno, que por su propia naturaleza, origina notables perturbaciones en el ritmo normal de descanso con la consiguiente alteración del ciclo circadiano y en la normal convivencia con el hijo menor a su cuidado, se ve alterado el equilibrio biológico, por el desfase de los ritmos corporales y por los cambios en los hábitos alimentarios (TSJ La Rioja 19-1-23, EDJ 502847).

El hecho de que el ET art.40 nada especifique respecto del perjuicio sufrido en el caso de **traslado**, corrobora esta interpretación, pues, se entiende indiscutiblemente que el equilibrio contractual puede quedar roto con el traslado y que la existencia de este, habilita al trabajador a rescindir su contrato sin más y sin necesidad de acreditar los perjuicios que le ocasiona dicho traslado, quedando el trabajador dispensado de probar los perjuicios que este le ocasiona.

En cualquier caso, no es necesario que el **trabajador acredite** la existencia de perjuicios para rescindir su contrato de trabajo, cuando la empresa ha aceptado de forma expresa la solicitud del trabajador de rescisión de su contrato por una modificación sustancial sin supeditarla a la prueba de estos.

c. Importe indemnización

El importe de la indemnización que percibe el trabajador afectado por una modificación sustancial de condiciones de trabajo que opte por la rescisión de su relación laboral, asciende a **20 días de salario** por año de servicio prorrateándose por meses los períodos inferiores a un año y con un máximo de 9 meses. La sentencia que declare justificada la modificación acordada por la empresa reconoce del derecho del trabajador a extinguir el contrato de trabajo en los supuestos legalmente previstos (LRJS art.138.7). **6050**

Dicha indemnización no se configura como una **indemnización de daños y perjuicios** que se calcule en función de los concretos perjuicios ocasionados al trabajador, pues, a pesar de que en el ET art.41 la acción se condiciona a que el trabajador demuestre que ha sufrido un perjuicio como ya se ha expuesto, la indemnización a percibir se encuentra legalmente establecida y no depende de la entidad de los perjuicios que se le hubieran ocasionado al trabajador, no teniendo tampoco una relación con la concreta actuación empresarial que en este caso concreto se considera como ajustada a derecho.

En principio tampoco resulta posible que el trabajador reclame una **indemnización adicional** en función de los perjuicios concretos que le ocasione la modificación, precisamente atendiendo a la legalidad de la actuación empresarial y a la justificación de la modificación impuesta.

d. Ejercicio de la posibilidad de rescisión

El ET art.41, reconoce al trabajador que resulte perjudicado por la modificación sustancial, el derecho a rescindir su contrato y a percibir una indemnización de 20 días de salario por año de servicio, y no condiciona dicho derecho a la **previa impugnación** de la decisión empresarial ante la jurisdicción competente, sino que habilita al trabajador a rescindir directamente su contrato sin necesidad de esperar la confirmación judicial de que la medida adoptada es correcta (TS 18-9-08, EDJ 203687). **6060**

La opción por la extinción del contrato es una facultad rescisoria del trabajador que **no precisa de autorización judicial** (TSJ de Madrid, 7-2-20, EDJ 536748 y del TSJ Santa Cruz de Tenerife 13-6-17, EDJ 172965).

En cuanto a la **forma** en la que el trabajador debe hacer uso, el legislador guarda silencio, por lo que debe entenderse cumplida siempre que el afectado comunique al empresario su voluntad de resolver el contrato de trabajo sin necesidad de que conste por escrito ni de que se respete plazo de preaviso alguno.

Si el empresario **está de acuerdo y abona** la correspondiente la indemnización, el contrato se extingue una vez notificada la decisión al empresario, pero en el caso en el que el empresario **no acepte** la rescisión, el trabajador puede impugnar judicialmente la negativa del empresario a admitir la rescisión del contrato de trabajo y, en ese caso, tratar de acreditar los perjuicios ocasionados por la modificación que justifiquen la rescisión denegada por parte de la empresa. En este último caso, el trabajador debe acatar la orden y continuar prestando servicios, ya que, si dejara de trabajar sin que el empresario acepte la rescisión, el trabajador podría ser despedido por ausencias injustificadas.

Una vez ejercitada la opción del trabajador por la rescisión indemnizada del contrato la empresa **no puede retractarse** con posterioridad y dejar sin efecto la modificación de condiciones, ya que del mismo modo que el despido extingue el contrato en el momento del mismo, la resolución del contrato por el trabajador fundada en los requisitos legales del ET art.41.3 extingue también el mismo, sin perjuicio de que en caso de que la empresa no reconozca los efectos de la extinción, sea necesario un proceso judicial para constatar la existencia de los requisitos e imponer los efectos indemnizatorios correspondientes. Cabría, eso sí, una reanudación de la relación laboral mediante el acuerdo bilateral de ambas partes que permitiera la reanudación del contrato, pero no la reanudación de la relación por la mera voluntad de la empresa de dejar sin efecto la modificación (TSJ de Cataluña 22-10-20, EDJ 788049).

Por otra parte, no resulta exigible que el escrito mediante el que al trabajador comunique su decisión rescisoria a la empresa efectúe expresa referencia a los **concretos perjuicios originados** por la modificación sustancial de condiciones de trabajo, por cuanto, el ET art.41.3 no exige que la declaración extintiva cumpla dicha formalidad (TSJ de La Rioja 19-1-23, EDJ 502847).

En este sentido es suficiente con que el trabajador **manifieste su voluntad** de rescindir su contrato, comunicación que debe ser recibida por la empresa y que no admite retractación por parte del trabajador.

e. Plazo

6070 El plazo para ejercitar la rescisión del contrato, cuando no se ha impugnado previamente la medida modificadora, está sujeto al plazo de **un año** establecido con carácter general en el ET art.59.1 (TS 29-10-12, EDJ 263609, dictada en un supuesto de movilidad geográfica, extrapolable a las modificaciones sustanciales). Tal y como ha resuelto el Tribunal Supremo, la acción de resolución del contrato, aunque traiga causa de una decisión del empleador de movilidad geográfica con la que el empleado muestra su disconformidad, tiene **distinta naturaleza** que la de la propia impugnación del traslado, su ejercicio no puede encuadrarse en la modalidad procesal específica prevista en el LRJS art.138.1 y por ello en absoluto está sujeta al plazo de caducidad de 20 días, si no al plazo general anual.

En el supuesto de que **se hubiera impugnado judicialmente la modificación** por considerarla injustificada, si la modificación se declara justificada, la sentencia que así lo declare «reconoce el derecho del trabajador a extinguir el contrato de trabajo en los supuestos previstos en el ET art.41.3 concediéndole al efecto el plazo de 15 días», por lo que no se aplicaría el plazo anual en este caso para que el trabajador rescinda su contrato de trabajo, si no el de 15 días que disponga la sentencia para el trabajador pueda, a partir de ese momento, rescindir su contrato.

3. Impugnación judicial de la decisión de modificación
(LRJS art.138)

Una vez notificada la modificación sustancial de condiciones de trabajo, el trabajador puede acatar la decisión empresarial o rescindir su contrato de trabajo percibiendo la indemnización legalmente prevista como se ha indicado con anterioridad, pero también cabe su impugnación judicial en el caso de que el trabajador se muestre disconforme con la decisión empresarial por considerarla no ajustada a derecho, impugnación que se efectúa por el procedimiento especial de impugnación de modificación sustancial (LRSJ art.138). **6080**

a. Ejecutividad de la medida y medidas cautelares

La posibilidad de impugnación judicial de la modificación de produce sin perjuicio de su **ejecutividad**, conforme a lo previsto en el ET art.41.3, por lo que la impugnación judicial no exime al trabajador de los efectos de la modificación una vez transcurridos los 15 días de preaviso previstos en la norma y, por lo tanto, se ve afectado por la modificación aun cuando se impugne judicialmente por su parte. **6090**

Lo anterior tiene como **única excepción** de la solicitud por parte del trabajador de **medidas cautelares** que pueden suspender los efectos de la modificación en el caso de que el órgano judicial así lo estime (LRJS art.180). En el mismo escrito de interposición de la demanda, el trabajador puede solicitar la suspensión de los efectos del acto impugnado y el juez o tribunal puede acordar la suspensión de tales efectos cuando su ejecución produzca al demandante perjuicios que pudieran hacer perder a la pretensión de tutela su finalidad siempre y cuando la **suspensión** no ocasione perturbación grave y desproporcionada a otros derechos y libertades o intereses superiores constitucionalmente protegidos. Los requisitos legales que, conforme al de la LEC art.728, permiten la adopción de las medidas cautelares son dos, el *fumus boni iuris* y el *periculum in mora.*

En el caso de modificaciones sustanciales de condiciones de trabajo el **peligro de demora** se relaciona con que la mera duración del proceso pueda causar un perjuicio al trabajador que se vea afectado por la ejecutividad de la medida y por sus efectos a pesar de que posteriormente la medida pueda ser declarada como no ajustada a derecho. En la práctica, solo de **forma excepcional**, la jurisprudencia admite que el trabajador, instada la resolución del vínculo contractual o impugnada judicialmente, pueda dejar de prestar los servicios correspondientes, como aquellos casos que ponen de manifiesto de una forma notoria que la convivencia laboral resulta imposible o que representa una excesiva carga onerosa para el trabajador, como las situaciones de acoso.

b. Plazo de caducidad

El **cómputo** del plazo de caducidad para la impugnación de las modificaciones sustanciales de condiciones de trabajo debe ajustarse al plazo de 20 días *ex* ET art.59. 4 y LRJS art.138.1. **6100**

En relación con la fecha a partir de la que debe computarse el **inicio de tal plazo**, en aplicación del ET art.59.4 y LRJS art.138.1, es desde el momento en el que tiene lugar la notificación por la empresa de su decisión a los representantes de los trabajadores.

En el caso de que la empresa realice una modificación sustancial de las condiciones de trabajo de **forma unilateral y sin comunicarlo** a los trabajadores, no puede alegar que ha expirado el plazo de caducidad para reclamar (TS 23-5-23, EDJ 584085, donde se reafirma doctrina).

Reafirma la doctrina emitida por el TS que reiteró que para fijar el ***dies a quo*** de la caducidad de la acción de impugnación de la modificación sustancial de condiciones de trabajo, tiene que existir una notificación por escrito de la decisión empresarial a los trabajadores o a sus representantes, y es a partir del día en el que se efectúa dicha notificación cuando comienza a correr el plazo de caducidad de la acción (TS 7-7-20, EDJ 647626).

Y ahondado más sobre esta cuestión el TS afirma que la regulación legal como la interpretación jurisprudencial de la misma conducen a concluir que para fijar el *dies a quo* de la caducidad de la acción de impugnación de la modificación sustancial de condiciones de trabajo tiene que existir una **notificación por escrito** de la decisión empresarial a los trabajadores o a sus representantes, y es a partir del día en el que se efectúa dicha notificación cuando comienza a correr el plazo de caducidad de la acción. No es válido, a estos efectos, que el empresario publique su decisión en el **tablón de anuncios**, o la manifieste en las reuniones del periodo de consultas y se haga constar en acta, es preciso la notificación escrita en los términos señalados. No podemos olvidar que el transcurso del plazo de 20 días acarrea la caducidad de la acción. La caducidad, como medida excepcional del ordenamiento jurídico, para proteger el interés derivado de una pronta estabilidad y dar certidumbre de las situaciones jurídicas pendientes de modificación, no puede ser objeto de interpretaciones extensivas que, en definitiva, impidan todo posible examen del derecho material y la consiguiente decadencia de determinados derechos (TS 27-2-20, EDJ 554423).

El TSJ Madrid entiende que estando el trabajador de baja y de acuerdo con el **derecho a la desconexión digital**, el plazo de caducidad frente a una modificación sustancial de condiciones comunicada a través de un correo electrónico que afecta a la retribución variable empieza desde el instante que se ha producido la reincorporación una vez finalizada la baja, no existiendo constancia de que se haya abierto el correo corporativo (TSJ Madrid 24-9-21, EDJ 751030).

En este caso concurre la circunstancia muy especial de que la demandante se encontraba en situación de **baja médica**, por lo que no venía obligada a abrir y leer las comunicaciones que por correo electrónico le dirigió la empleadora.

Ha de llegarse a la conclusión de que **no concurre caducidad**, pues la fecha de comunicación a la actora de la modificación afectante a su retribución variable debe entenderse que fue el 15 diciembre 2020 (fecha en que consta que, hallándose ya de alta médica, abrió el correo electrónico remitido el día 10 anterior). Y entre 15 diciembre 2020 y 12 enero 2021 (fecha de presentación de la demanda) transcurrieron solamente 11 días hábiles. Por tanto, se estima el motivo.

6105 El **TS** ha entendido que no se considera notificación la **remisión de una nota** por la empresa a los trabajadores, razonando:

En aplicación de la doctrina anteriormente expuesta, forzoso es concluir que, no habiéndose procedido por la empresa a notificar en forma a los trabajadores, o a sus representantes, la modificación sustancial de condiciones de trabajo impuesta, por **no considerarse que cumple las exigencias** de una notificación la nota informativa remitida por la empresa a los trabajadores en abril de 2016, forzoso es concluir que no cabe aplicar el plazo de caducidad de 20 días para el ejercicio de la acción de impugnación de la modificación sustancial de las condiciones de trabajo, de carácter colectivo, establecida en la LRJS art.138.1, por lo que la acción no está caducada (TS 3-4-18, EDJ 578220).

En virtud de todo ello, entiende que la publicación de una modificación sustancial mediante una **circular a través de la intranet** de un banco sin notificar dicha modificación a los trabajadores o a sus representantes, impide que pueda darse por cumplido lo establecido en la LRJS art.138.1. De modo que no se inicia el cómputo del plazo de 20 días para el ejercicio de la acción de impugnación de la modificación sustancial de condiciones de trabajo y, en consecuencia, la acción no está caducada.

En todo caso, a los efectos del **cómputo de la caducidad**, la publicación en la intranet de la empresa de la herramienta informática multiplataforma para la implantación del sistema de registro de jornada y desconexión digital no puede considerarse en modo alguno como una notificación fehaciente por escrito de la medida empresarial consistente en suprimir la práctica de cerrar las oficinas de la red a las 12:30 horas los días 24 y 31 de diciembre (TS 22-11-23, EDJ 763839).

Sin embargo, pese a que reconoce que la notificación efectuada al trabajador no «se le han dado a conocer las causas por las que la empresa adoptaba el cambio de los cuadrantes de trabajo», el plazo de caducidad de 20 días «aunque **no se haya seguido el procedimiento**» del ET art.41 (LRJS art.138.1) es de 20 días hábiles. Atendiendo al alegato del trabajador por el que «no tenía por qué conocer que la modificación de los cuadrantes de trabajo iba a ser definitiva», declara el Tribunal que, el LRJS art.138.1, **no condiciona** el comienzo del cómputo del plazo de caducidad de la acción a que se notifique la duración de la medida; tan solo exige la notificación de la decisión empresarial y, en el presente caso, la modificación fue comunicada al trabajador (TS 18-5-21, EDJ 579492).

Por lo tanto, cabe distinguir entre aquellos casos en los que ha existido una notificación al trabajador aun **incumpliendo los requisitos formales**, en cuyo supuesto el plazo es de 20 días de caducidad y aquellos casos en los que no haya existido ningún tipo de notificación, supuesto en el que, de conformidad con lo indicado, no se aplica el plazo de caducidad de 20 días.

A los efectos del **análisis de la posible caducidad**, considera que ni se ha seguido un procedimiento específico de MSCT, ni se ha producido una notificación expresa de la medida a los trabajadores, sino que lo que se ha producido es la mera falta de abono de la subvención comedor, por lo que no existe por tanto un momento determinado que pueda fijarse como *dies a quo* para el cómputo del plazo de la caducidad (TS 12-3-24, EDJ 524099).

c. Efectos de la sentencia

En el caso de impugnación judicial de la medida, la sentencia debe declarar la **6115**
modificación **justificada o injustificada** y, en este último caso, reconoce el derecho del trabajador a ser repuesto en sus anteriores condiciones (ET art.41.3 en relación con el LRJS art.138).

4. Rescisión del contrato

(ET art.50.1)

6125 En este apartado se ven los supuestos que permiten la rescisión (nº 6135), el plazo para su ejercicio (nº 6155) y el importe de la indemnización (nº 6165).

a. Supuestos que permiten la rescisión

6135 El trabajador **puede solicitar la resolución** de su contrato de trabajo en los siguientes supuestos de incumplimientos de las obligaciones empresariales:

Modificación sustancial de condiciones de trabajo que se lleva a cabo **sin respetar las previsiones legales** y que generen un menoscabo de la dignidad del trabajador.

En este caso, al trabajador le corresponde la indemnización legal de despido (que es de 33 días por año con límite de 24 mensualidades y/o de 45 días por año con límite de 42 mensualidades teniendo en cuenta la reforma operada por el RD 3/2012) y que además puede complementarse con una **indemnización por daños y perjuicios** cuando se haya producido una lesión de derechos fundamentales, incluida la prohibición de discriminación y el acoso en el trabajo.

El ET art.50.1, habilita al trabajador a extinguir su contrato de trabajo con la indemnización correspondiente al despido improcedente ante «las modificaciones sustanciales en las condiciones de trabajo», existiendo, por lo tanto, **dos posibles vías de rescisión** del contrato de trabajo por parte del trabajador afectado por una modificación sustancial de condiciones de trabajo (ET art.41.3 y art.50.1), cuya diferente configuración depende de si se ha producido un menoscabo de la dignidad del trabajador, una degradación o una situación vejatoria.

– La primera, **ET art.41.3**, reconoce al trabajador el derecho a la percepción de una indemnización de 20 días por año de servicio con un límite de 9 mensualidades al considerar que el trabajador no puede quedar indefenso ante una modificación sobrevenida de las condiciones contractuales aun cuando la misma se encuentre justificada.

– Por su parte, el **ET art.50.1** se refiere a casos de mal uso del ET art.4, por lo que, en este supuesto, el fundamento del incumplimiento empresarial se basa, por tanto, en la gravedad y culpabilidad de su acción, y en el perjuicio causado a la dignidad del trabajador, por lo que se reconoce el derecho a percibir una mayor indemnización atendiendo precisamente a la actuación del empresario y al perjuicio respecto de la dignidad del trabajador.

Con la aprobación de la L 3/2012 el legislador eliminó la referencia al ataque a la **formación profesional** como supuesto de hecho que justificara la resolución del contrato por parte del trabajador afectado por una modificación sustancial de condiciones de trabajo al amparo del ET art.50.1, por lo que de acuerdo con la normativa actual es necesario que la modificación suponga un atentado contra la dignidad del trabajador.

6140 El menoscabo de la **dignidad del trabajador** suele apreciarse en aquellos casos en los que es objeto de un trato discriminatorio o humillante. La dignidad del trabajador equivale al respeto que merece ante sus compañeros de trabajo y ante sus jefes, como persona y como profesional, no pudiéndose situar en una posición en que, por las circunstancias que se dan en ella, se provoque un menoscabo en este respeto, privándole de posibilidades de acción, o aun en casos extremos de signos externos del cargo, que puedan crear en los demás una impresión de caída en desgracia, combinada con el hecho de la degradación efectiva.

Es necesario que se prueben los perjuicios sufridos sin que se puedan presumir, si bien se aplica la **doctrina de indicios**, de tal modo que el trabajador únicamente deba aportar indicios del menoscabo de derechos fundamentales, sin necesidad de probar fehacientemente dicho perjuicio, invirtiéndose en tal caso la carga de la prueba, debiendo ser el empresario quien pruebe la ausencia del perjuicio en los derechos fundamentales del trabajador. Debiendo interpretarse en sentido amplio, como que queda vedada la movilidad funcional que atente contra los derechos fundamentales del trabajador (no discriminación, honor, propia imagen, etc.)

Se exige, por lo tanto, que la **modificación redunde en menoscabo** de la dignidad del trabajador que ejercita la acción, entendido en sentido amplio, como todo ataque al respeto que merece el trabajador ante sus compañeros y ante sus jefes como profesional, no pudiéndosele situar en una posición en que por las circunstancias que se den en ella, se provoque un descrédito en este aspecto (TSJ de Cataluña 19-1-18, EDJ 34467).

El menoscabo en la dignidad del trabajador se asocia con la asignación, de forma permanente, de **tareas muy por debajo** de las correspondientes a la categoría profesional; pero en general abarcaría todas las condiciones de trabajo que determinan, bien un descrédito del trabajador hacia sus compañeros o terceras personas, bien la prestación de servicios en condiciones degradantes o en menoscabo de la salud o seguridad del trabajador. Debiendo valorarse, por ello, para apreciar si hay o no menoscabo de la dignidad, las concretas circunstancias concurrentes, tanto con relación a los cambios introducidos en el trabajo como con respecto a su justificación (TSJ Santa Cruz de Tenerife 8-6-15, EDJ 189880).

Supuestos concretos Han sido consideradas como modificaciones de condiciones que afectan a la dignidad del trabajador: **6145**

• En materia de **falta de ocupación efectiva**:

– La falta de tramitación de la **licencia federativa al jugador** por la imposibilidad de participar en competiciones oficiales no tiene origen en una decisión técnica de quién tiene facultad para ello, sino que deriva de una «imposibilidad jurídica», desde el momento en que al jugador profesional se le impide el acceso al presupuesto jurídico que le habilita para ello, cual es tramitar y estar de alta en la licencia federativa, tal omisión empresarial supone privar a un deportista profesional del derecho a ejercer normalmente su profesión (TS 28-4-10, EDJ 78391).

– El **impedir el desarrollo de las tareas** propias de la profesión habitual del trabajador: trabajador destinado en el extranjero, retorno, falta de concreción de tareas ni lugar físico donde desarrollarlas (TSJ de Aragón, 10-7-03, EDJ 218086).

• En materia de **movilidad funcional**:

– En **materia de funciones**, asignación directora administrativa de tareas de auxiliar y telefonista (TSJ País Vasco, 18-2-03, EDJ 15481).

– **Cambio de categoría** y funciones, pasando de coordinador de emisora radiofónica a locutor de radio; existencia de discriminación por razones políticas (TSJ Granada 16-6-10, EDJ 339548).

– Atribución de funciones de categoría inferior **de encargado a peón**, y modificación del horario (TSJ de C.Valenciana 20-12-04, Sentencia núm. 3841/2004, Rec 2380/2004).

– Cambio de funciones asignadas pasando de estar en un **puesto de responsabilidad** y toma de decisiones a desarrollar labores administrativas, con una importante merma salarial (TSJ de Cataluña 19-1-18, EDJ 34467).

– No lo han sido, incardinar en el expendedor de estación de servicio funciones propias de **atención de cafetería**, considerando la dignidad como respeto que merece cada persona por el hecho de serlo con respecto a la autoestima, y sin menosprecio para la estima que en cuanto ser humano merece la persona, que no se ve perjudicado en ese caso (TSJ de C.Valenciana 12-2-21, EDJ 563545).

• En materia de **reducción de salario**:

Una reducción de jornada y de salario **no tiene por qué afectar a la dignidad** del trabajador, por evidente que sea el perjuicio económico para el mismo, ya que no tiene por qué implicar ni una degradación de su consideración como persona ni un descrédito frente a terceros. Podría admitirse, no obstante, que podría menoscabar la dignidad del trabajador una reducción de su jornada y salario tan importante que ponga en peligro el propio sustento del trabajador, por no garantizar una **retribución digna** (tomando como parámetro para ello la cuantía del SMI junto con otros elementos como la proporción entre la complejidad y responsabilidad de las tareas encomendadas con la nueva retribución asignada); y ello, naturalmente, dejando aparte los casos en los que el demandante fuera el único afectado por la reducción salarial, en el que la intención de degradar al mismo puede ser mucho más evidente. En este sentido, el TSJ Málaga, consideró que una **reducción a la mitad** de la jornada y salario era causa justa para resolver el contrato de trabajo, aunque la fundamentaba en el ET art.50.1.c más que en el ET art.50.1.a, y la reducción citada era de carácter permanente, no temporal (TSJ Málaga 14-6-12, EDJ 362865).

• En supuestos de **acoso moral**:

Se considera que existe una situación de acoso en el trabajo, en actos previstos que han desembocado en la **modificación sustancial** de la condiciones de trabajo (negativa a la fijación del periodo vacacional, también la variación unilateral por la empresa del contrato indefinido a tiempo parcial, en contrato fijo discontinuo, sin comunicar nada al actor, y obligándolo a demandar; así como la falta de abono de salario comprometido, dando lugar a nueva demanda de cantidades, y finalmente cuando se convoca al actor para que se incorpore en el mes de septiembre de manera inmediata se le comunica una modificación sustancial de las condiciones de trabajo, dejando al actor prácticamente sin ocupación efectiva) (TSJ Galicia 23-10-18, EDJ 685558).

• En materia de modificación de la **ubicación del lugar de trabajo**:

Cuando a partir del ejercicio de derechos vinculados a la **conciliación de la vida laboral y familiar**, y sin que conste causa justificada, le cambió la ubicación en las oficinas de la empresa, fue privada del uso del ordenador en la forma en la que antes lo utilizaba, valorándose juntamente con la modificación de funciones (TSJ Valladolid 11-12-19, EDJ 838073).

b. Plazo para el ejercicio

6155 El plazo para solicitar la extinción judicial del contrato de trabajo es de **un año de prescripción** del ET art.59.1 desde el día en que la acción pudo ejercitarse, es decir, desde el día en que concurren la notificación de la medida más el perjuicio específico. De tal modo que, en este supuesto, a diferencia del anterior, la resolución del contrato tiene un carácter judicial, lo cual implica una serie de **consecuencias**:

- El trabajador debe **acatar la orden** y solicitar al órgano judicial correspondiente la resolución del contrato, pero sin abandonar el puesto de trabajo.
- La resolución judicial tiene **efectos constitutivos** y no declarativos.
- La resolución judicial debe ser de **carácter firme**. De tal modo que hasta que no recaiga sentencia firme el vínculo contractual subsiste.
- La **subsistencia del vínculo contractual** implica para el trabajador el derecho, pero también la obligación de permanecer en su puesto de trabajo desempeñando sus funciones laborales hasta que se hubieran resuelto los posibles recursos que pudiera interponer el empresario y hasta tanto que la sentencia adquiera carácter de firme.

Solo excepcionalmente la jurisprudencia admite que el trabajador, instada la resolución judicial del vínculo contractual, pueda **dejar de prestar los servicios** correspondientes, en situaciones que ponen de manifiesto de una forma notoria que la convivencia laboral resulta imposible o que representa una excesiva carga onerosa para el trabajador, p.e., casos de acoso.

La ley dispone que como **medidas cautelares** se puede acordar la suspensión de la relación laboral o la exoneración de la prestación de servicios, el traslado de puesto o centro de trabajo, la reordenación o reducción del tiempo de trabajo y cuantas otras medidas tiendan a preservar la efectividad de la sentencia que pudiera dictarse (LRJS art.180.4). Ahora bien, la exoneración se debe acordar expresamente por el Juzgado de lo Social como medida cautelar. De lo contrario, si el trabajador dejara de asistir al trabajo, podría llegar a considerarse que sus ausencias se encuentran injustificadas e imponerse una sanción por parte del empresario.

c. Importe de la indemnización

En cuanto a la indemnización correspondiente en estos casos de extinción ex ET **6165**
art.50.1.a, el ET art.50.2 señala que «el trabajador tiene derecho a las indemnizaciones señaladas para el **despido improcedente**», apartado que ha dado lugar a una discusión doctrinal por la utilización del término «indemnizaciones» en plural.

Así, un sector estima que la **remisión expresa** del ET art.50.2 a las «indemnizaciones» del ET art.56, determina que la referencia se hace solo a aquellas percepciones para las que el legislador utiliza el mismo término, no debiendo confundirse con las percepciones económicas en general.

Otro sector considera que en el ET art.50.2 se hace una **referencia genérica** a las percepciones económicas a que tiene derecho el trabajador despedido improcedentemente, sin pretender una delimitación en base a la naturaleza jurídica de las mismas, por lo que el trabajador tendría derecho a la indemnización de 33 días de salario por año de servicio con el tope de 24 mensualidades, y, en su caso, los salarios de tramitación, cuando se trate de un representante legal de los trabajadores.

Estas indemnizaciones, puede complementarse, en su caso, con una **indemnización por daños y perjuicios** cuando se haya producido una lesión de derechos fundamentales, incluida la prohibición de discriminación y el acoso en el trabajo.

5. Compatibilidad del ejercicio de acciones

6175 En este apartado se estudian la compatibilidad del ET art.41.3 y la LRJS art.138 (nº 6185), del ET art.41.3 y el ET art.50 (nº 6195) y el ET art.50 y la LRJS art.138 (nº 6200).

a. Compatibilidad del ET art.41.3 y LRJS art.138

6185 Es posible que el trabajador solicite la rescisión de la relación laboral por una modificación sustancial de condiciones de trabajo sin haber instado previamente la **impugnación de la medida** modificativa, pero lo que no resultaría viable es rescindir el contrato e impugnar judicialmente la medida, al haber quedado ya extinguida la relación laboral.

Por tanto, al quedar condicionada la impugnación judicial de la medida a que no se haya optado previamente por la **rescisión del contrato**, estas dos últimas opciones (la extinción de la relación laboral y su impugnación judicial) resultan incompatibles, lo que conlleva que si se hubiera rescindido el contrato de trabajo es no posible proceder a impugnar judicialmente la decisión administrativas (TSJ Navarra 25-9-13, EDJ 283068). En ese mismo sentido se pronunció el Tribunal Supremo (en un supuesto de **movilidad geográfica**), indicando que cabe la posibilidad de la impugnación de la decisión, a condición evidentemente de que no haya optado por la extinción, pues ambas opciones: impugnación y extinción simultáneas sí son incompatibles, porque tienden a finalidades opuestas (TS 21-12-99, EDJ 53210).

Sin embargo, la impugnación de la medida de modificación **no impide** que el trabajador rescinda finalmente su contrato de trabajo si la medida fuera declarada como justificada, ya que conforme al LRJS art.138.7, si la modificación se declara justificada y por tanto se desestima la demanda, la sentencia que así lo declare «reconoce el derecho del trabajador a **extinguir el contrato** de trabajo en los supuestos previstos en el ET art.41.3 concediéndole al efecto el plazo de 15 días».

Por lo tanto, que en caso de que el trabajador opte por la segunda alternativa de **impugnar la decisión empresarial** ante el Juzgado de lo Social con la finalidad de ser repuesto en sus anteriores condiciones, y este declara la modificación justificada, entonces también existe el **derecho de opción** del trabajador por rescindir de forma indemnizada su contrato, y esta opción ha de ser ofrecida por el mismo fallo de la sentencia. Ello significa que la **opción por la rescisión** indemnizada no es una alternativa que se pierda en caso de impugnación de la modificación por vía judicial, ya que el sentido de la ley es permitir que el trabajador combata tal decisión si considera que carece de justificación legal, sin obligarle a la alternativa de abandonar el trabajo, aunque sea con una indemnización o impugnar con pérdida de la posibilidad de rescisión indemnizada (TSJ Cataluña 1-9-17, EDJ 233878). Por lo tanto, resulta admitida la posibilidad del **ejercicio sucesivo de las acciones** de impugnación y de resolución del contrato, para el caso de que el juzgador declare justificada la medida modificativa.

Además, en caso de que el trabajador impugne la decisión empresarial, esta se declare injustificada y la **empresa no reponga al trabajador** en las condiciones anteriores a la modificación, «el trabajador puede solicitar la ejecución del fallo ante el Juzgado de lo Social y la extinción del contrato por causa de lo previsto en el ET art.50.1.c, conforme a lo establecido en LRJS art.279, 280 y 281». Ello implica que en tal supuesto de incumplimiento de la obligación de reposición a la situación anterior, el trabajador puede solicitar la **ejecución del fallo** por la vía del incidente de no readmisión regulado para los despidos, con la consecuencia especial de que por causa de «la negativa del empresario a reintegrar al trabajador en sus anteriores condiciones de trabajo en los supuestos previstos en el ET art.40 y 41, cuando una sentencia judicial haya declarado los mismos injustificados» (ET art.50.1.c) se extingue el contrato con la superior indemnización propia de los despidos, como sanción por el incumplimiento del empresario de reponer al trabajador.

b. Compatibilidad ET art.41.3 y ET art.50

Por su parte, la **doctrina** (Cruz Villalón J.) entiende que el perjuicio específico da **derecho al trabajador a optar** por una modalidad extintiva de indemnización superior que la correspondiente a la regulada de modo directo en ET el art.41.3 párrafo segundo, pero de ningún modo impide o limita la posibilidad del ejercicio de esta última. De tal modo que aun cuando el trabajador haya optado por solicitar al juez la rescisión del contrato vía del ET art.50, este puede apreciar de oficio **perjuicio genérico** en el caso de que no estime que exista perjuicio específico de derechos fundamentales. En cualquier caso, algunos Tribunales sí entienden que en el suplico de la demanda de extinción contractual por perjuicio específico se pueda solicitar subsidiariamente la extinción por perjuicio genérico, para el caso de que la primera pretensión no prosperara. **6195**

Sin embargo, **no es posible** que, una vez extinguida la relación laboral por parte del trabajador al amparo del ET art.41.3 percibiendo la indemnización establecida en dicho artículo, el trabajador pueda ejercitar la acción prevista en el ET art.50 por entender que la modificación en cuestión ha incidido en **menoscabo de su dignidad**, ya que esta última posibilidad requiere indefectiblemente de una declaración judicial constitutiva, y precisa para ello que la relación laboral se encuentre vigente al momento de su emisión, lo que conlleva que el trabajador no pueda instar la extinción de la relación laboral con los efectos del ET art.50.1.a. y 2, una vez que ya se había extinguido la misma por su voluntad al amparo del ET art.41.3.

Por último, tampoco resulta posible instar el **pago de una mayor indemnización** al amparo del ET art.50 una vez extinguida la relación laboral al amparo del ET art.41.3, de manera completamente emancipada de una extinción ya producida, como si se tratara de una indemnización complementaria a la ya percibida al amparo del ET art.41.3, ya que una vez aceptado por la empresa que el trabajador extinga su relación laboral al amparo del ET art.41.3, permitir una reclamación posterior basada, además, en la existencia de un menoscabo a la dignidad del trabajador, estaría **desincentivando la aceptación empresarial**, que podría entender tal primera aceptación, como una base sobre la que fundar luego posteriores reclamaciones (TSJ Castilla-La Mancha 22-10-21, EDJ 789338).

c. Compatibilidad ET art.50 y LRJS art.138

Respecto a la compatibilidad de la impugnación de la medida y la rescisión del contrato de trabajo al amparo del ET art.50, algunas sentencias **rechazan el planteamiento de la incompatibilidad** entre el ejercicio de las acciones impugnatorias **6200** de las modificaciones en las condiciones de trabajo y la extinción a instancia del trabajador, pues las primeras se encaminan a reponer al trabajador en las condiciones en las que estaba, y con la extinción se pretende poner fin al contrato por la concurrencia de una causa justa; entre las cuales señala el ET art.50 el menoscabo de la dignidad.

Por tanto, se permitiría que, aun habiendo sido **declaradas nulas las modificaciones** de las condiciones de trabajo, y haber sido repuesto en las mismas por carta de fecha 18-10-01, el trabajador extinga su contrato en aplicación del ET art.50.a (TSJ de Cataluña 21-11-03, EDJ 65450).

En sentido contrario al anterior, el TSJ de Islas Baleares rechaza la posibilidad de que **una vez estimada la demanda** de impugnación de la medida y repuesto el trabajador a sus anteriores condiciones, pueda estimarse una demanda de extinción al amparo del ET art.50, teniendo en cuenta el registro de las demandas al haberse presentado el primer lugar la demanda de impugnación, como por la celebración del acto del juicio y suspensión del juicio de resolución contractual, solicitada o consentida por el propio demandante demuestran su opción a favor de la reposición en sus funciones, categoría y salario, que ya había obtenido cuando se dictó la sentencia recurrida, por lo que se carecía totalmente de acción para la resolución contractual (TSJ de Islas Baleares 18-7-02, EDJ 129899).

Lo anterior supone que resulta aconsejable, en el caso de que el **trabajador priorice la posibilidad de rescindir** su contrato al amparo del ET art.50 por considerar que la modificación atenta contra su dignidad, presentar dicha demanda en primer lugar, presentado la demanda de impugnación de la medida con posterioridad (obviamente dentro del plazo de 20 días de caducidad), tratando de que se celebre el primer lugar el procedimiento de resolución contractual, y, en caso de desestimación, pueda celebrarse posteriormente el procedimiento de impugnación de la modificación, que, le permite, en caso de que la modificación sea declarada ajustada a derecho, la posibilidad de rescindir su contrato al amparo del ET art.41.

En cualquier caso, lo que **no se permite** es el ejercicio en un mismo procedimiento de la acción de impugnación y de resolución del ET art.50, ya que lo anterior daría lugar a una acumulación indebida de acciones pues devendría de aplicación el LRJS art.26 (impugnación de la medida y ET art.50) (TSJ Valladolid 24-4-23, EDJ 571326).

6. Ideas Clave

6210 ✓ Una vez comunicada al trabajador la modificación sustancial de sus condiciones de trabajo al trabajador se le presentan **varias opciones**, pudiendo proceder el trabajador a:

a) **aquietarse** a dicha modificación y admitir la modificación de sus condiciones de trabajo, para lo que bastará que permanezca inactivo ante la misma.

b) **extinguir** la relación laboral con la indemnización legalmente prevista por el ET art.41.3;

c) **impugnar** judicialmente la decisión empresarial y, en caso de entenderse justificada, solicitar la extinción indemnizada de la relación laboral al amparo del **ET art.41.3**; o

d) solicitar la **rescisión** de la relación laboral al amparo del **ET art.50** en el caso de considerar que la modificación sustancial de sus condiciones atenta contra su dignidad. **6210** (sigue)

✓ Para que el trabajador pueda **rescindir su contrato** de trabajo al amparo del ET art.41.3, tiene que resultar perjudicado por la modificación y dichos perjuicios han de ser reales, constatables y de significativa entidad, lo que le da derecho a percibir una indemnización de 20 días de salario por año de servicio prorrateándose por meses los períodos inferiores a un año y con un máximo de 9 meses, pudiendo ejercitarse esta acción en el plazo de un año y sin que se precise de autorización judicial.

✓ El trabajador se muestre disconforme con la decisión empresarial por considerarla no ajustada a derecho, puede, sin perjuicio de su ejecutividad, **impugnarla por el procedimiento especial** de impugnación de modificación sustancial (LRSJ art.138), en el plazo de 20 días de caducidad desde la notificación de la modificación, dictándose sentencia que declarará la medida modificativa justificada, injustificada o nula, y frente a la que no cabe recurso de suplicación con carácter general.

✓ El trabajador puede solicitar la **resolución de su contrato** de trabajo al amparo del ET art.50 cuando la modificación sustancial de condiciones de trabajo que se lleva a cabo sin respetar las previsiones legales y que generen un menoscabo de la dignidad del trabajador, en cuyo caso le corresponde la indemnización legal de despido (que es de 33 días por año con límite de 24 mensualidades y/o de 45 días por año con límite de 42 mensualidades) y que además puede complementarse con una indemnización por daños y perjuicios cuando se haya producido una lesión de derechos fundamentales. En este caso el plazo de ejercicio de la acción es de un año desde el día en que pudo ejercitarse.

✓ La impugnación de la medida de modificación no impide que el trabajador **rescinda finalmente** su contrato de trabajo si la medida fuera declarada como justificada, pero no resultaría viable es rescindir el contrato al amparo del ET art.41.3 e impugnar judicialmente la medida, al haber quedado ya extinguida la relación laboral.

✓ No es posible que, una vez extinguida la relación laboral por parte del trabajador al amparo del ET art.41.3 percibiendo la indemnización establecida en dicho artículo, el trabajador pueda ejercitar la acción prevista en el ET art.50 por entender que la modificación en cuestión ha incidido en **menoscabo de su dignidad**, si bien puede plantearse, si bien el suplico de la demanda de extinción contractual por perjuicio específico se pueda solicitar subsidiariamente la extinción por perjuicio genérico, para el caso de que la primera pretensión no prosperara.

✓ **No se permite** es el ejercicio en un mismo procedimiento de la acción de impugnación y de resolución del ET art.50, ya que lo anterior daría lugar a una acumulación indebida de acciones.

Capítulo 7. Modalidad procesal para la impugnación de las MSCT

7000

1. Características generales del proceso de impugnación

(ET art.59; LRJS art.26.1 y 2, 43.4, 64.1, 138 y 180)

El **cauce específico** para la tramitación de las demandas presentadas en impugnación de movilidad geográfica y modificación sustancial de condiciones de trabajo es el previsto en la LRJS art.138, cuyas características más destacadas consisten en que se trata de un proceso urgente de **tramitación preferente** (LRJS art.138.5), sometido al perentorio **plazo** de veinte días hábiles de caducidad desde la notificación por escrito de la decisión a los trabajadores o a sus representantes (LRJS art.138.1). 7010

La **preferencia** en el despacho de estos asuntos no es absoluta, al tener una mayor preferencia la tramitación de los procesos de tutela de derechos fundamentales y de conflictos colectivos (LRJS art.179.1 y 159). La tramitación preferente supone que la **citación para la vista** se efectuará en los cinco días siguientes a la admisión de la demanda, con la excepción de aquellos casos en los que el Juez hubiera acordado solicitar Informe a la Inspección de Trabajo; en este caso habrá de esperarse a que el órgano judicial haya recibido el mencionado informe para comenzar a computar aquel plazo.

Debido al **carácter urgente** de este proceso el mes de agosto se considera hábil para su tramitación (LOPJ art.183 y LRJS art.43.4), así como los días que median entre el 24 de diciembre y el 6 de enero del año siguiente, ambos inclusive.

La medida adoptada por el empresario es inmediatamente ejecutiva, por lo que la interposición de demanda en reclamación frente a ella no interrumpirá su efectividad, salvo que se solicite como **medida cautelar** y el órgano judicial estime dicha medida (LRJS art.180).

La **demanda** que no será acumulable a otras, sin perjuicio de los casos en que se alegue lesión de derechos fundamentales y se solicite la correspondiente indemnización por daños y perjuicios (LRJS art.26.1 y 2).

2. Objeto del proceso de impugnación

(ET art.40, 41 y 47; LRJS art.26.1 y 2,182 a 184)

7015 A través de la modalidad procesal objeto de examen deben tramitarse las impugnaciones **individuales** o **plurales** que puedan efectuarse respecto de:

a) Medidas de **movilidad geográfica** del ET art.40 y de **modificación sustancial de condiciones de trabajo** adoptadas por el empresario, ya sea individuales ya colectivas, y respecto de estas últimas, con independencia de que el periodo de consultas haya formalizado con acuerdo o no.

b) **Suspensiones** y **reducciones** de **jornada** fundadas en causas económicas, técnicas, organizativas o de producción o derivadas de fuerza mayor, hayan sido o no acordadas por el empresario.

PRECISIONES Con relación a las **modificaciones sustanciales** de condiciones de trabajo, dicha modalidad procesal, de conformidad con lo que dispone la LRJS art.138.1, será la **preceptiva** aunque no se haya seguido el procedimiento del ET art.40, 41 y 47 y que toda impugnación de las mismas es susceptible de ser canalizada por la vía del LRJS art.138, aun cuando la condición objeto de modificación tenga su fuente normativa en un Convenio colectivo estatutario (siempre y cuando la empresa no haya acudido al procedimiento de descuelgue, y haya impuesto tal modificación ya de forma individual, ya de forma colectiva) o incluso en normas legales o reglamentarias del Estado.

7020 Por otro lado, este proceso no es el cauce procedimental adecuado para el ejercicio de la **posibilidad de rescisión** prevista en el ET art.41.3, que se debe tramitar con arreglo a las previsiones del procedimiento ordinario (TSJ País Vasco 1-4-14, EDJ 103478).

También se ha considerado este proceso como inadecuado en materia de modificación de la **concreción horaria** dentro de una reducción de jornada, lo que es propio del procedimiento previsto en la LRJS art.139, y no de la LRJS art.138 (TS 5-6-23, EDJ 597025).

Finalmente, y con relación al objeto del proceso, se ha de hacer referencia, a que como regla general **no pueden acumularse** entre sí ni a otras distintas en un mismo juicio, ni siquiera por vía de reconvención (LRJS art.26.1):

- las acciones de despido y demás causas de extinción del contrato de trabajo;
- las de modificaciones sustanciales de condiciones de trabajo;
- las de disfrute de vacaciones;
- las de materia electoral;
- las de impugnación de estatutos de los sindicatos o de su modificación;
- las de movilidad geográfica;
- las de derechos de conciliación de la vida personal, familiar y laboral (LRJS art.139);
- las de impugnación de convenios colectivos;
- las de impugnación de sanciones impuestas por los empresarios a los trabajadores; y
- las de tutela de derechos fundamentales y libertades públicas.

Como **excepción** se permite, que cuando la impugnación se funde en la violación de los derechos fundamentales o de las libertades públicas del afectado, puedan acumularse a la impugnación aquellas pretensiones que son inherentes a la tutela del derecho fundamental (LRJS art.26.2 y art.182 a 184).

PRECISIONES **No** debe considerarse una **pretensión acumulada** el hecho que de que al impugnarse la modificación sustancial se solicite una **indemnización** por los daños y perjuicios que la misma haya ocasionado al trabajador y no derivados de una vulneración de derechos fundamentales, pues dicha petición el legislador la configura como parte de la pretensión principal del impugnante, al señalar que la sentencia que declare injustificada la medida reconocerá el derecho del trabajador a ser repuesto en sus anteriores condiciones de trabajo, así como al abono de los daños y perjuicios que la decisión empresarial hubiera podido ocasionar durante el tiempo en que ha producido efectos (LRJS art.138.7.3).

3. Partes procesales en el proceso de impugnación

(ET art.40.3 y 41.4; LRJS art.19, 20, 138, y 177.3)

Legitimación activa (LRJS art.138.1) En lo que respecta a la legitimación activa, el proceso se iniciará por demanda de los **trabajadores afectados** por la decisión empresarial. Por lo tanto, los legitimados son los trabajadores perjudicados por la medida empresarial de traslado, modificación sustancial de sus condiciones de trabajo, suspensión del contrato o reducción de jornada, bien de forma individual, bien de forma plural, confiando a un único representante la capacidad para actuar por todos ellos con arreglo a lo que dispone el LRJS art.19. **7030**

Se admite la legitimación de las **organizaciones sindicales** para interponer la demanda en interés de sus afiliados afectados por la medida que se impugna (LRJS art.20).

Evidentemente, cuando el trabajador hubiera optado por la **extinción** de su **contrato** al amparo del ET art.40.3, carecerá de legitimación para impugnar la medida al haberse extinguido su relación laboral.

Si la negociación finaliza con **acuerdo**, lo anterior no determina automáticamente que se considere que las causas de la medida se encuentran justificadas, ya que la persona trabajadora está legitimada individualmente para impugnarlas o atacar el fondo (AN 11-11-21, EDJ 733856).

En el supuesto de que se impugnen **medidas** del empresario **de carácter colectivo**, estarán legitimados, además de los trabajadores afectados, los representantes de los trabajadores para presentar demanda a través del procedimiento de conflicto colectivo.

Legitimación pasiva En cuanto a la legitimación pasiva, la demanda debe dirigirse contra el **empresario** que haya adoptado la decisión modificadora de las condiciones de trabajo del trabajador demandante. **7040**

Por otra parte, existen dos situaciones de **litisconsorcio pasivo necesario** previstas para este proceso en particular, ya que, además del empresario, han de ser demandadas las siguientes personas (LRJS art.138.2):

1. Si el objeto del debate versa sobre **preferencias atribuidas a determinados trabajadores**, éstos también deben ser demandados. Lo anterior puede suceder cuando no se hubieran respetado las preferencias de ciertos trabajadores en los traslados o desplazamientos (ET art.40), o en casos de preferencias acordadas en convenio colectivo para las modificaciones sustanciales de las condiciones de trabajo. Se considera que estos trabajadores deben encontrarse llamados al procedimiento ya que la sentencia que se dicte en el mismo podría afectarles de ser estimada la demanda.

2. Si se trata de modificaciones de carácter colectivo y la medida cuenta con la conformidad de los **representantes de los trabajadores** al haberse adoptado un acuerdo con el empresario durante la tramitación del período de consultas, éstos también deben ser demandados, tal y como indica la LRJS art.138.2.

Dicha necesidad deviene de la participación de los representantes en la decisión del empresario mediante la adopción del acuerdo en el período de consultas y permite que los representantes defiendan su postura en el procedimiento.

PRECISIONES Los representantes de los trabajadores a los que se refiere la ley han de ser todos aquellos órganos representativos a los que la norma otorga capacidad para negociar y alcanzar un acuerdo, ya se trate de **representantes unitarios** (Delegados de Personal, Comités de Empresa o Comités Intercentros) ya de **represente sindicales** si hubieran intervenido en la negociación (Delegados Sindicales de las secciones de la misma naturaleza que hubieran alcanzado el acuerdo), ya de aquellos órganos expresamente contemplados en el ET art.41.1.a) (*comisiones ad hoc*).

7045 Cuando se invoque **lesión de derechos** fundamentales o libertades públicas, debe tenerse en cuenta que siempre habrá de ser parte el Ministerio Fiscal (LRJS art.177.3)

4. Conciliación previa en el proceso de impugnación

(LRJS art.63, 64.3 y 73)

7055 Las pretensiones que deben tramitarse con arreglo a esta modalidad procesal están exoneradas tanto de la **conciliación administrativa previa** a que se refiere la LRJS art.63, como de interponer **reclamación administrativa previa** en el caso de que resulten demandadas administraciones públicas (LRJS art.73).

Los actos de conciliación o mediación podrían **celebrarse**, si las partes así lo acuerdan, en aplicación de la LRJS art.64.3, que señala que, aun estando exento un procedimiento de conciliación o mediación, las partes pueden acudir de común acuerdo a aquellas soluciones cuando por la naturaleza de la pretensión ejercitada pudiera tener eficacia jurídica el acuerdo alcanzado.

En algunos casos se ha considerado que, de procederse a cumplimentar este trámite, el **plazo de caducidad** no quedaría en suspenso. Así lo entendió la AN 19-11-12, EDJ 251438, asunto Renfe Operadora, que estimó efectivamente caducada la acción, al haber transcurrido veintiún días; sentencia que fue confirmada por sentencia TS 9-12-13, EDJ 280898.

Sin embargo, **algunos autores** son partidarios de entender las excepciones al trámite previo de la conciliación como supuestos que, por motivos de celeridad, exoneran de la obligación de acudir al referido trámite, pero en absoluto como prohibiciones de hacerlo. De modo que, si las partes decidieran cumplimentar el trámite, y acudiese a la conciliación, el mismo habría de producir efectos jurídicos, entre ellos, el de suspender la caducidad e interrumpir la prescripción. Y ello de acuerdo con el contenido de la LRJS art.64.3 que establece que, si las partes acudieran en tiempo de manera voluntaria y de común acuerdo a tales vías previas, se producirá el efecto de la suspensión de los plazos de caducidad e interrupción de los de prescripción.

Mayores dudas puede plantear el supuesto en el que sea la parte actora la que, sin estar obligada a ello, presente la **papeleta de conciliación**, sin que exista un acuerdo entre las partes para acudir a esa vía, supuesto en el que pudiera considerarse que la presentación no habría suspendido el plazo de caducidad, al no resultar de aplicación la LRJS art.64.3, lo que podría llegar a determinar que la acción se considerara como caducada.

PRECISIONES Alcanzado un acuerdo durante el periodo de consultas, **no es exigible la conciliación extrajudicial previa, aunque se trate de una demanda colectiva**, de forma que la ley no distingue entre demandas individuales o colectivas cuando en la LRJS art.64 exime de la conciliación o mediación previa los procesos relativos a la modificación sustancial de condiciones de trabajo (TS 3-12-19, EDJ 784053).

Por último, la interposición de papeleta de conciliación no denotaría que el trabajador habría tenido conocimiento pleno de la modificación sustancial de condiciones, si no ha existido una **notificación formal** para el inicio del cómputo del plazo de caducidad (TSJ Cataluña 27-2-23, EDJ 553903). 7060

5. La demanda en el proceso de impugnación

(ET art.40.1 y 3 y art.59.4; LRJS art.6.1, 10.1 y 138)

El procedimiento **se inicia** a través de la presentación de demanda ante el Juzgado de lo Social territorialmente competente en la que se impugne la decisión empresarial, por motivos de fondo o de forma, demanda que debe presentarse por escrito e incluir las circunstancias a las que se refiere la LRJS art.80. 7070

Órgano judicial competente (LRJS art.6.1) El Tribunal objetivamente competente para tramitar la acción de impugnación de la LRJS art.138, asigna la **competencia exclusiva** al Juzgado de lo Social de todos los procedimientos del orden jurisdiccional laboral, **excepto** los que correspondan expresamente a los Tribunales Superior de Justicia, Audiencia Nacional, Tribunal Supremo, o a los Juzgados de lo Mercantil, esto último conforme a lo establecido en la L 22/2003, Concursal. 7075

En tanto a la **competencia territorial**, conocerá de la acción de impugnación el Juzgado de lo Social del lugar de prestación de los servicios del trabajador demandante afectado por la medida, o bien el del domicilio del demandado, a elección del trabajador demandante (LRJS art.10.1).

En aquellos casos en los que el trabajador prestara servicios en lugares de **distintas circunscripciones territoriales** el trabajador podrá elegir entre aquel de ellos en que tenga su domicilio, el domicilio del contrato (si hallándose en él el demandado pudiera ser citado), o el del domicilio del demandado.

Cuando fueran **varios** los **sujetos** contra los que se dirige la demanda (pensemos en casos en los que se codemanda a los representantes de los trabajadores firmantes del acuerdo o a trabajadores que se puedan ver afectados), se podría articular la demanda ante el Juzgado de lo Social correspondiente al domicilio de cualquiera de los demandados a elección del demandante.

Contenido Al margen de los requisitos de forma y procesales que debe contener toda demanda (designación del órgano ante el que se presenta, designación del demandante y demandado, fecha y firma, etc.), el demandante debe indicar los **hechos** que fundamentan su pretensión de impugnación de la modificación sustancial de las condiciones de trabajo. 7080

La demanda habrá igualmente que expresar los hechos y **datos necesarios** que, de acuerdo con la pretensión del demandante soportan la declaración del carácter injustificado de la medida de modificación, conforme a las razones económicas, técnicas, organizativas o de producción alegadas por el empresario, o la posible existencia de fuerza mayor, es decir, todos los hechos que resulten imprescindibles para resolver las cuestiones planteadas. Igualmente es necesario concretar en la demanda (LRJS art.138):

– la forma y notificación en los que se llevó a cabo la medida empresarial controvertida;

– alcance individual o colectivo de la modificación;

– si existió un período de consultas con los representantes de los trabajadores y se adoptó acuerdo con ellos (en cuyo caso deberán ser demandados); y

– en el caso de que existan trabajadores que se pudieran ver afectados se deberá indicar la preferencia que justifique que se dirija la demanda contra ellos.

7085 Una vez fijados los hechos, la demanda tiene que indicar las **pretensiones del trabajador demandante**, que deben referirse a lo ilegítimo de la decisión empresarial por no existir causas económicas, técnicas, organizativas o de producción que la justifiquen, o bien que estas son insuficientes o no resultan de aplicación al trabajador afectado por la medida.

En torno a esta pretensión básica también es posible alegar **otras circunstancias** como la falta de notificación o haberla practicado de forma incorrecta, que la modificación resulta discriminatoria o vulnera los derechos fundamentales del trabajador, que no se respetan las preferencias o prioridades de permanencia de algunos trabajadores, la posible existencia de fraude de ley en la medida por no haber utilizado el proceso colectivo cuando se debía (ET art.40.1 y 3, y LRJS art.138.7), la ausencia de negociación previa o del preceptivo periodo de consultas con los representantes de los trabajadores.

El Letrado de la Administración de Justicia debe advertir a la parte actora de los **defectos u omisiones** en que haya incurrido al redactar la demanda, pudiendo subsanarse dentro del plazo de cuatro días siempre que no se trate de defectos de carácter insubsanable (LRJS art.81.1).

7090 **Plazo** (LRJS art.138.1; ET art.59) La demanda **debe presentarse** en el plazo de caducidad de los veinte días hábiles siguientes a la notificación por escrito de la decisión a los trabajadores o a sus representantes, conforme a lo dispuesto en el ET art.59.4, plazo que no comenzará a computarse hasta que tenga lugar dicha notificación, sin perjuicio de la prescripción en todo caso de las acciones derivadas por el transcurso del plazo previsto en el ET art.59.2.

Por lo tanto, el plazo comienza a **computarse** desde el día siguiente a la notificación escrita de la decisión empresarial a los trabajadores o sus representantes, y dado que la norma precisa que ello ha de hacerse conforme a lo dispuesto en el ET art.59.4, el plazo se contabiliza desde el día siguiente a la fecha de notificación de la decisión empresarial tras la finalización, si ha existido, del periodo de consultas.

Al tratarse de un plazo de caducidad y de días hábiles, a efectos de contabilizar el *dies a quo* en la acción judicial no se tendrán en cuenta los **sábados** y **días festivos**, y además el plazo legal podrá suspenderse por la posible presentación de solicitud de conciliación o mediación previa, todo ello con las prevenciones indicadas con anterioridad respecto a la presentación de la papeleta de conciliación de forma unilateral por parte del trabajador demandante.

Aunque el trabajador o sus representantes no hubieran sido notificados, el empleado que pretenda impugnar la decisión empresarial dispone del **límite máximo** de un año para ejercitar la acción, al especificar la LRJS art.138.1 que el plazo de interposición de la demanda comienza desde la notificación efectuada sin perjuicio de la prescripción en todo caso de las acciones derivadas por el transcurso del plazo previsto en el art.59.2, es decir un año desde el día en que la acción judicial pudiera ejercitarse. En este sentido se declarará la prescripción de la acción, por el transcurso de más de un año desde la modificación operada (TSJ Andalucía (Sevilla) 23-2-23, EDJ 562346; y TSJ Aragón 24-2-23, EDJ 568713).

Ello se traduce en que el plazo será de veinte días si se hubiera seguido en la modificación empresarial el trámite previsto en el ET art.40, 41 y 47 en cuanto al preceptivo periodo de consultas, y de no haber existido este, el trabajador gozará *de facto* del plazo de un año para **impugnar**.

Para que opere dicho plazo es **requisito** que exista un acto expreso por la empresa de comunicación de la decisión extintiva definitiva a los representantes de los trabajadores y en última instancia a los trabajadores afectados, sin que sea válido a estos efectos que la empresa manifestara dicha intención en el proceso del período de consultas (TS 21-10-14, EDJ 261501).

PRECISIONES La caducidad no puede ser objeto de **interpretación extensiva**. La apreciación de caducidad de la acción por el simple hecho de que el trabajador se excedió del plazo previsto para el proceso especial de modificación sustancial de condiciones de trabajo porque la conducta irregular del empleador no le permitió reconocer una decisión de ese tipo constituye una interpretación desproporcionada contraria a la tutela judicial (TCo 126/2004).

El **plazo de incoación** para el **proceso especial** de la LRJS art.138 es el mismo que para el **despido**, configurándose igualmente como plazo de caducidad en días hábiles; sin embargo, en el caso del procedimiento de despido el plazo comienza el día siguiente a que el despido y, por lo tanto, desde la efectividad de la medida, y no desde la notificación, como sucede en el caso de la demanda mediante la que se impugna la modificación sustancial. **7095**

6. Informe de la Inspección de Trabajo y Seguridad Social

(LRJS art.138.3)

El órgano jurisdiccional puede recabar informe urgente de la Inspección de Trabajo y Seguridad Social, informe que **versa** sobre los hechos invocados como justificativos de la decisión empresarial en relación con la modificación acordada y demás circunstancias concurrentes. **7105**

La **solicitud** del informe a la Inspección de Trabajo y Seguridad Social no es obligatoria, sino una solicitud que puede acordar el Juez que tramita el proceso si así lo considera conveniente.

El **contenido** de dicho informe no es vinculante para el Juzgador, que, por lo tanto, puede dictar sentencia en un sentido distinto al criterio expresado por la Inspección de Trabajo en su informe. Dicho informe, a pesar de no tener un carácter vinculante, constituye, en cualquier caso, un relevante **instrumento probatorio**.

El informe **se solicita** por el Juzgado al Servicio de Inspección de Trabajo y Seguridad Social, remitiendo la petición del informe a dicho Servicio, junto con una copia de la demanda de impugnación, así como del resto de los documentos que el demandante acompañó en el momento de presentación de su demanda.

La Inspección de Trabajo no se encuentra sometida a **plazo determinado** para la emisión del informe, pero se indica que el informe será urgente, de manera que se entiende que la Inspección de Trabajo no debe demorarse en su remisión al Juzgado para su incorporación al procedimiento (LRJS art.183.3).

7. Supuestos de litispendencia en el proceso

(LRJS art.138.4, 160.3, 160.5)

7115 Se establece una **regla de coordinación** entre la acción de **impugnación individual** y la posible demanda de **conflicto colectivo** que pudiera plantearse contra la decisión empresarial, disponiendo que si una vez iniciado el proceso se plantease demanda de conflicto colectivo contra la decisión empresarial, aquel proceso se suspenderá hasta la resolución de la demanda de conflicto colectivo, que una vez firme tendrá eficacia de **cosa juzgada** sobre el proceso individual en los términos del LRJS art.160.3 (LRJS art.138.4). No obstante, el acuerdo entre el empresario y los representantes legales de los trabajadores que pudiera recaer una vez iniciado el proceso no interrumpirá la continuación del procedimiento.

Este apartado pretende coordinar la reclamación individual del empleado con la impugnación de las medidas empresariales sobre movilidad geográfica, modificación de condiciones de trabajo, suspensión del contrato y reducción de jornada, cuando éstas presenten carácter colectivo, estableciendo qué sucede cuando tanto el trabajador afectado como los representantes de los trabajadores presentan demanda contra una misma **decisión modificativa del empresario**, todo ello en aras a evitar que puedan dictarse resoluciones judiciales de carácter diverso o contradictorio.

Si **una vez iniciado el proceso** de impugnación individual se plantea demanda de conflicto colectivo contra la misma decisión empresarial, el proceso individual se suspenderá hasta la resolución de la demanda de conflicto colectivo, y, una vez que ésta sea firme, tendrá eficacia de cosa juzgada sobre el proceso individual en los términos de la LRJS art.160.3. Conforme a la LRJS art.138.4 en su segundo párrafo, el **acuerdo** entre el empresario y los representantes legales de los trabajadores que pudiera recaer una vez iniciado el proceso no interrumpirá la continuación del procedimiento.

La norma establece de esta forma una **preferencia para el conflicto colectivo**, de manera que, si una vez iniciada la acción individual impugnatoria se inicia por los legitimados la demanda colectiva, el proceso individual tendrá que suspenderse por el Juzgado de lo Social que lo esté tramitando, hasta que el conflicto colectivo se resuelva. Lo anterior se traduce en que el trabajador cuya reclamación judicial se ve suspendida por la interposición de una demanda colectiva debe asumir la modificación, puesto que la medida empresarial es efectiva, debiendo esperar a que se dicte sentencia en el procedimiento colectivo salvo que prefiera extinguir su relación laboral en el caso de que concurran los supuestos para la extinción ex ET art.41.3, o solicitar la extinción judicial vía ET art.50.1.a).

Por lo tanto, todos los procedimientos individuales en impugnación de modificación sustancial de condiciones de trabajo **se suspenderán** cuando se interponga la demanda de conflicto colectivo hasta que recaiga sentencia firme en el procedimiento colectivo. En el caso de que las acciones individuales se interpusieran después de que el proceso de conflicto colectivo ya esté iniciado, el Juzgado de lo Social debería admitir la demanda individual, para acto seguido suspender su tramitación.

Cuando se dicte **sentencia firme** en el procedimiento colectivo, el Juzgado debe **7125**
alzar la suspensión de los procedimientos individuales, señalando fecha para la celebración de la vista correspondiente a dichos procedimientos.

La suspensión prevista en la LRJS art.138.4 es coherente con la norma general de la LRJS art.160.5, que predica la suspensión de todos los procesos individuales pendientes durante la tramitación del conflicto colectivo. Pero, a diferencia de lo previsto para el proceso de conflicto colectivo (LRJS art.160.6), existe en este caso **regla expresa de suspensión** del cómputo del plazo de caducidad de la acción de despido tras la interposición de demanda colectiva.

La sentencia que recaiga en el proceso colectivo tendrá eficacia de **cosa juzgada** en los términos previstos en la LRJS art.160.3.

De existir sentencia derivada de conflicto colectivo por causa de una decisión modificativa del empresario, estando pendiente una reclamación individual, no será necesario esperar a su resolución para que el trabajador inste la **ejecución individual**, a su favor, de la sentencia colectiva, siempre la pretensión de condena sea susceptible de ejecución individual. En cualquier caso, el trabajador puede optar por continuar con el proceso individual de la LRJS art.138 suspendido por causa de la interposición del conflicto colectivo, solicitando posteriormente la ejecución de la sentencia dictada en dicho procedimiento. Lo que se excluye por la Jurisprudencia es la posibilidad de instar individualmente la ejecución de la sentencia dictada en el procedimiento colectivo y pretender posteriormente la continuación del procedimiento individual (TSJ Canarias 13-5-22, EDJ 732076).

8. Acto de la vista

(LRJS art.82.1, 138.5, 138.7)

Se dispone que el acto de la vista **ha de señalarse** dentro de los cinco días **7130**
siguientes al de la admisión de la demanda, de no haberse recabado el Informe de la Inspección de Trabajo de la Seguridad Social (LRJS art.138.5). De este modo, y para celebrarse la vista, deberá esperarse a que el Juzgado de lo Social hubiera recibido, en su caso, el Informe de la Inspección de Trabajo.

Por tanto, el plazo para celebrar vista en el **proceso especial** será de cinco días en vez de diez como en el **proceso ordinario**, dado su carácter de urgencia y preferencia, y sin tener en cuenta, en principio, la fecha efectiva de la citación (LRJS art.82.1).

El **desarrollo del juicio oral** será el mismo que se encuentra previsto para el proceso ordinario, sin que exista ninguna especialidad procesal en su trámite, interviniendo en primer lugar el demandante, su abogado o graduado social, que se ratificará en su escrito de demanda, y así sucesivamente en las fases de alegación, prueba y conclusiones.

PRECISIONES Algunos **autores** han **criticado** razonablemente esta intervención judicial previa del trabajador, que deberá litigar en ocasiones sin conocer las pruebas en las que el empresario fundamenta su decisión, considerando que hubiera resultado preferible que la empresa demandada interviniera en primer lugar.

7135 En lo que respecta a la **actividad probatoria**, se determina que la sentencia declarará justificada la decisión del empresario según hayan quedado acreditadas o no, respecto de los trabajadores afectados, las razones invocadas por la empresa (LRJS art.138.7). Ello pudiera interpretarse como una inversión de la carga de la prueba, pero en cualquier caso habrá de ser el trabajador demandante quien deba probar los hechos que alega y que la decisión empresarial es injustificada.

9. Sentencia en el proceso de impugnación

(LRJS art.97.2, 138.6, 138.7)

7145 La sentencia debe ser dictada en el **plazo** de cinco días, plazo que es idéntico al previsto para el procedimiento ordinario (LRJS art.97.1), y declarará la medida modificativa justificada, injustificada o nula, según hayan quedado acreditadas o no, respecto de los trabajadores afectados, las razones invocadas por la empresa, o bien cuando la decisión adoptada lo sea en fraude de ley, así como cuando tenga como móvil alguna de las causas de discriminación previstas en la CE y en la Ley, o se produzca con violación de derechos fundamentales y libertades públicas del trabajador, incluidos los supuestos de declaración de nulidad del despido de la LRJS art.108.2 (LRJS art.138.6).

En cuanto a la **forma** de la sentencia, y al no establecerse en la ley especialidad alguna, se deberá cumplir con la norma general de la LRJS art.97.2.

La sentencia debe ser **inmediatamente ejecutiva**.

Declarará **justificada o injustificada** la decisión empresarial, según hayan quedado acreditadas o no, respecto de los trabajadores afectados, las razones invocadas por la empresa, pudiendo declararse la **nulidad** de la medida de conformidad con el último párrafo de la LRJS art.138.7.

Para llegar a uno de los sentidos del fallo indicados, el Magistrado deberá pronunciarse sobre la **existencia o ausencia de las razones** económicas, técnicas, organizativas o de producción que justifican la modificación de condiciones acordada por el empresario, debiendo analizarse si se han respetado las preferencias o prioridades de ciertos trabajadores, si la medida empresarial ha cumplido con los procedimientos legales establecidos o si concurre alguna causa de nulidad de la medida.

7150 **Declaración de la decisión empresarial como justificada** Si durante el procedimiento no se desacreditan las causas invocadas por el empresario para llevar a cabo la medida modificadora la sentencia declarará la decisión empresarial como justificada. La **declaración de justificación** de la medida conlleva asimismo la absolución de los demandados (empresario y, en su caso, los trabajadores contra los que se haya dirigido la demanda o sus representantes) y denegar las pretensiones recogidas en la demanda que dio origen al procedimiento.

Por lo tanto, cuando en la sustanciación del proceso no se hubiera destruido, según la prueba practicada y la argumentación de las partes, el fundamento de la decisión empresarial, el Juez debería proceder a la desestimación de la demanda, al considerar que la actuación empresarial ha sido correcta y la **modificación se encuentra justificada** y el empleado deberá continuar siendo afectado por las nuevas condiciones (o su nuevo destino en caso de movilidad geográfica).

En principio, y para declarar justificada la decisión empresarial, no resulta suficiente con la concurrencia de causas económicas, técnicas, organizativas o de producción que justifiquen la medida, sino que también ha de fundamentarse su **individualización en cuanto al trabajador afectado.** Y ello porque perfectamente pudiera suceder que la medida empresarial fuese acertada en cuanto a sus razones, pero no adecuada en su aplicación individual, bien por discriminatoria, o porque no ha respetado alguna preferencia o prioridad. En todo caso, y si el proceso de impugnación es desfavorable para el trabajador que inició la vía judicial, la medida (salvo que hubiera sido suspendida por una medida cautelar) se consolidará de forma permanente.

El trabajador cuya demanda de impugnación hubiera sido desestimada tiene la posibilidad de **extinguir el contrato** de trabajo en los supuestos y con la indemnización prevista en el ET art.40.1 y 41.3 (veinte días de salario por año de servicio, prorrateándose por meses los periodos de tiempo inferiores a un año y con un máximo de doce mensualidades en la movilidad geográfica, y de nueve mensualidades para la modificación de condiciones de trabajo); ello en un **plazo** de quince días desde la notificación de la sentencia recaída en el procedimiento de impugnación de la medida.

Esta posibilidad reconocida al trabajador que hubiera visto fracasar su demanda de impugnación, resulta lógica, ya que, de otra forma, se vería favorecido el trabajador que opta por la resolución inicialmente frente al trabajador que impugna judicialmente la medida modificativa a través del procedimiento de la LRJS art.138.

PRECISIONES En caso de **insolvencia empresarial**, el FOGASA debe asumir el pago de indemnizaciones por extinción de contrato a solicitud de trabajador como consecuencia de una modificación sustancial de las condiciones de trabajo, con posterior concurso de acreedores de la empresa (TS 8-1-19, EDJ 507507).

Declaración de la decisión del empresario como injustificada (LRJS art.138.7.3) La sentencia que declare injustificada la medida reconocerá el **derecho del trabajador** a ser repuesto en sus anteriores condiciones de trabajo, así como al abono de los daños y perjuicios que la decisión empresarial hubiera podido ocasionar durante el tiempo en que ha producido efectos. **7155**

En el caso de **traslados o desplazamientos**, el trabajador tiene que ser reincorporado al centro de trabajo de origen (ET art.40.1), mientras que en el supuesto de decisiones modificadoras de las condiciones de trabajo el empresario ha de reponer al trabajador en su situación anterior.

La empresa debe **resarcir** al trabajador los daños y perjuicios que la medida declarada injustificada le hubiera podido ocasionar, siempre que hubieran resultado acreditados los daños y su relación de causalidad con la medida modificativa.

PRECISIONES No han sido considerados como suficientes para fijar el importe indemnizatorio pretendido ni la necesidad de valerse de letrado, ni la zozobra e incertidumbre en que se vio inmersa la trabajadora, siendo necesario **acreditar perjuicios reales** (TSJ Andalucía (Granada) 2-2-23, EDJ 531983).

En el caso de que el empresario no hubiese respetado, para llevar a cabo la medida modificadora, las **preferencias o prioridades de ciertos trabajadores**, tanto legales como convencionales, la declaración condenatoria en sentencia debe ser igualmente la no justificación de la medida. En ese caso la sentencia habrá de **7160** dejar sin efecto la decisión empresarial, pudiendo establecer la posibilidad de que el empresario proceda a afectar a aquellos trabajadores que se considere que debieron serlo inicialmente.

7165 **Nulidad de la decisión empresarial** (LRJS art.138.7) Se declarará nula la decisión adoptada en **fraude de Ley**, eludiendo las normas relativas al **período de consultas** establecido en el ET art.40.2, 41.4 y 47, así como cuando tenga como móvil alguna de las causas de discriminación previstas en la Constitución y en la Ley, o se produzca con violación de derechos fundamentales y libertades públicas del trabajador, incluidos, en su caso, los demás supuestos que comportan la declaración de nulidad del despido en el ET art.108.2.

PRECISIONES El Tribunal Supremo ha declarado la nulidad del proceso de modificación sustancial colectiva por la **inexistencia de buena fe negocial**, con falta de entrega de documentación suficiente y relevante sobre la situación de la empresa que ha adoptado la medida y demás circunstancias concurrentes sobre la conducta empresarial, con aportación de parte de la documentación en inglés (TS 20-3-24, EDJ 531047).

7170 Asimismo, se ha declarado la nulidad cuando la empresa **no ha facilitado la información** adecuada a los representantes de los trabajadores durante el periodo de consultas habiendo facilitado una ingente cantidad de documentos de imposible entendimiento (TS 26-6-18, EDJ 527775), o cuando, tras un período de consultas cerrado sin acuerdo, la empresa no ha notificado su decisión a los representantes de los trabajadores, obstaculizando así el ejercicio de la acción colectiva previsto en la Ley (TS 22-3-18, EDJ 37518).

La inobservancia del cauce previsto legalmente **incumpliendo la normativa** relativa al período de consultas ha de tener como consecuencia la declaración de nulidad de la decisión adoptada, en aplicación de lo dispuesto en la LRJS art.138, cuyo apartado 7 sanciona con la nulidad de la decisión empresarial adoptada eludiendo las normas relativas al período de consultas, con las consecuencias que recoge en la parte dispositiva de la resolución, reponiendo a los trabajadores en las condiciones horarias que disfrutaban con anterioridad a la modificación (TSJ Cataluña 5-5-23, EDJ 621369).

En lo que respecta a la nulidad proveniente del **fraude de ley** se está refiriendo a los casos en los que se pretende enmascarar, por parte de la empresa, traslados o modificaciones sustanciales de las condiciones de trabajo que realmente son colectivas, y también a los supuestos de suspensión contractual o reducción de jornada llevados a cabo al margen del preceptivo periodo de consultas.

Se plantea la duda de si la declaración de nulidad procede contra las decisiones empresariales que incurren en **otros defectos** procedimentales no incluidos en el ET art.40, 41 y 47; esto es, si la nulidad ha de reservarse y decretarse solamente para el supuesto de haber obviado el periodo de consultas, como dispone expresamente la LRJS art.138.7, o también se aplica al incumplimiento de **otras formalidades requeridas por la ley** para efectuar la medida empresarial, como sucede cuando no se ha realizado el necesario preaviso o notificación a los representantes de los trabajadores, o este no se ha practicado con la antelación debida, o incluso cuando se incurre en otros defectos de forma recogidos en convenio colectivo.

En este sentido algunas sentencias declaran la nulidad de la medida al **no haberse efectuado la notificación al trabajador**, a pesar de la literalidad de la LRJS art.138.7, que no contempla entre las causas de nulidad la ausencia de notificación en forma de aquélla, al pervivir el necesario juicio de formalidad de la medida, aplicando analógicamente lo previsto para los supuestos de MSCT de carácter colectivo (TSJ Cataluña 27-2-23, EDJ 553903).

Por último, y en torno a la posible declaración de nulidad en sentencia, surge alguna duda sobre si el Juzgado puede declarar la **nulidad de oficio**, sin que se hubiera solicitado por el trabajador impugnante en la demanda, o durante el trámite judicial. Seguramente no sería descabellado afirmar que la nulidad puede ser declarada por propia iniciativa del Juez, aunque la LRJS art.138 no lo autorice expresamente, teniendo en cuenta la autonomía judicial y la propia esencia de la institución de la nulidad. Máxime si dicha nulidad viene provocada por fraudes de ley evidentes, graves discriminaciones o vulneración de los derechos fundamentales de los trabajadores en la empresa, que el Magistrado no puede ignorar. **7175**

Por alusión expresa de la LRJS art.138.7 surgirá también la nulidad, y así deberá dictaminarla el Juez, cuando la decisión del empresario tenga su origen en alguna de las **causas de discriminación** recogidas en la Constitución o en la Ley, es decir, cuando el trabajador impugne la medida empresarial por alguna de las causas de discriminación previstas constitucionalmente o en otra normativa, o se lleve a cabo con violación de sus derechos fundamentales o libertades públicas.

Por otra parte, habrán de concebirse como **decisiones empresariales nulas** las de carácter injustificado que afecten: **7180**

a) A personas trabajadoras durante los periodos de suspensión del contrato de trabajo por nacimiento, adopción, guarda con fines de adopción, acogimiento, riesgo durante el embarazo, riesgo durante la lactancia natural a que se refiere el ET art.45.1.d) y e), disfrute del permiso parental a que se refiere el ET art.48 bis, o por enfermedades causadas por embarazo, parto o lactancia natural, o cuando se notifique la decisión en una fecha tal que el plazo de preaviso concedido finalice dentro de dichos periodos.

b) El de las trabajadoras embarazadas, desde la fecha de inicio del embarazo hasta el comienzo del periodo de suspensión a que se refiere la letra a); el de las personas trabajadoras que hayan solicitado uno de los permisos a los que se refiere el ET art.37, apartados 3.b), 4, 5 y 6, o estén disfrutando de ellos, o hayan solicitado o estén disfrutando de las adaptaciones de jornada previstas en el ET art.34.8 o la excedencia prevista en el artículo 46.3; y el de las trabajadoras víctimas de violencia de género por el ejercicio de su derecho a la tutela judicial efectiva o de los derechos reconocidos en esta ley para hacer efectiva su protección o su derecho a la asistencia social integral.

c) El de las personas trabajadoras después de haberse reintegrado al trabajo al finalizar los periodos de suspensión del contrato por nacimiento, adopción, guarda con fines de adopción o acogimiento, a que se refiere el ET art.45.1.d), siempre que no hubieran transcurrido más de doce meses desde la fecha del nacimiento, la adopción, la guarda con fines de adopción o el acogimiento.

10. Recurribilidad de la sentencia

(LRJS art.138.6 y 191.2)

Se establece que contra la sentencia dictada en el proceso **no procede** ulterior recurso, salvo en los supuestos de movilidad geográfica previstos en el ET art.40.2, en los de modificaciones sustanciales de condiciones de trabajo cuando **7190** tengan carácter colectivo de conformidad con el ET art.41.4, y en las suspensiones y reducciones de jornada previstas en el ET art.47 que afecten a un número de trabajadores igual o superior a los umbrales previstos en el ET art.51.1.

Sin embargo, se admiten **excepciones** a la irrecurribilidad en los supuestos de que la movilidad geográfica o modificación de las condiciones de trabajo afecten a un número de trabajadores igual o superior a los umbrales previstos en el ET art.51.1, es decir, que alcancen igualmente los porcentajes mínimos propios del despido colectivo.

El referido criterio colectivo es distinto al criterio de la afectación general y permitirá el acceso a suplicación de la sentencia dictada en este procedimiento sin necesidad de acreditar que afecta o puede afectar a un gran número de trabajadores, y sin necesidad igualmente de que se haya iniciado proceso de conflicto colectivo de forma efectiva.

7200 **Violación de derechos fundamentales** Al margen de las excepciones que permiten recurrir las sentencias dictadas en procedimientos de modificación sustancial de condiciones conforme a la LRJS art.183.6, cuando adicionalmente a la modificación sustancial de condiciones de trabajo, se plantea la violación de derechos fundamentales, en principio la sentencia será recurrible, pues las sentencias dictadas en materia de tutela de los derechos fundamentales son recurribles en todo caso, de conformidad con a la LRJS art.191.3.f).

7205 El **Tribunal Supremo** en diferentes sentencias aborda esta cuestión:

1. TS 19-10-22, EDJ 727793. Se trata esta cuestión, en concreto, la recurribilidad en suplicación de las sentencias dictadas por los juzgados de lo social en procesos de impugnación de modificación sustancial de condiciones de trabajo de carácter individual cuando se ha invocado la **vulneración de derechos fundamentales**, considerando que solo pueden ser examinados por la sentencia de suplicación los aspectos en los que resulte indisociable el tema de legalidad ordinaria con la eventual existencia de la invocada vulneración de derechos fundamentales, sin que pueda limitarse en estos casos su cognición a los aspectos relativos a la posible infracción de derechos fundamentales, cuando la respuesta que haya de darse a esa cuestión condiciona de alguna manera el pronunciamiento sobre las materias de legalidad ordinaria.

De acuerdo con dicha sentencia destaca la idea de que no tendría demasiada lógica que esas cuestiones de legalidad ordinaria que, en principio, no tienen acceso al recurso sean susceptibles de ser recurridas por el mero hecho de plantearse de manera acumulada con una eventual vulneración de los derechos fundamentales, incluso en los casos en los que las mismas no guarden relación alguna con tales aspectos.

2. TS 14-9-23, EDJ 696263. Se sostiene que no cabe recurso de suplicación frente a la sentencia dictada en modalidad procesal de modificación sustancial de condiciones de trabajo aunque incorpore **reclamación de cuantía** superior a 3.000 € derivada de aplicar la decisión empresarial impugnada, ya que considera que así se desprende de una interpretación sistemática, teleológica y literal de los preceptos procesales en presencia (LRJS art.138.7, 191.2.e y 191.2) y de su entendimiento acorde con las garantías constitucionales (CE art.24).

De este modo, dicha sentencia modifica la doctrina sentada por el TS 10-3-16, EDJ 45061 y 24-10-17, EDJ 232958 y concordantes en cuanto permitían la suplicación atendiendo a la cuantía de los daños y perjuicios provocados por la decisión empresarial cuestionada.

Esta sentencia es de **gran transcendencia** en el ámbito procesal social, en la medida que aclara el acceso a recurso de suplicación de las sentencias dictadas en procedimientos sobre impugnación de modificaciones sustanciales de condiciones de trabajo, y establece que no será recurrible la sentencia dictada en dicho procedimiento, aunque incorpore una reclamación de cuantía superior a 3.000 euros.

11. Ejecución de la sentencia

(LRJS art.138.7, 138.8, 279 a 281)

Se regula la ejecución de la sentencia dictada en el proceso de impugnación de modificación sustancial de condiciones, estableciendo que cuando el empresario no proceda a reintegrar al trabajador en sus anteriores condiciones de trabajo o lo hiciere de modo irregular, el trabajador podrá solicitar la ejecución del fallo **ante el Juzgado de lo Social** y la extinción del contrato por causa de lo previsto en el ET art.50.1.c), conforme a lo establecido en los artículos 279, 280 y 281. **7215**

Si la sentencia declarara la **nulidad de la medida empresarial**, su ejecución se efectuará en sus propios términos, salvo que el trabajador inste la ejecución prevista. En todo caso serán de aplicación los plazos establecidos en el mismo.

La **forma** en la que puede proceder el trabajador cuando el empresario no ejecuta la sentencia dictada en el procedimiento de impugnación de modificación sustancial de condiciones que, o bien ha declarado injustificada la decisión empresarial, o la ha declarado nula, se regula en la LRJS art.138.8 y 9.

La posibilidad que tiene el trabajador de solicitar la ejecución de la sentencia que declara injustificada la medida empresarial a través del procedimiento ejecutivo de las sentencias firmes de despido (regulado en la LRJS los art.279, 280 y 281), cuando no se le reintegra sus anteriores condiciones, o ello se hace de forma irregular, se establece en la LRJS art.138.8. De esta manera, el trabajador dispone del **plazo** de veinte días para instar la ejecución al mismo Juzgado de lo Social que ha dictado la sentencia, desde la fecha señalada para proceder a la readmisión si esta no se ha llevado a cabo, o desde que se efectuó la readmisión irregular.

La redacción de la LRJS art.138.8 ha sido considerada como **dudosa**, pues no queda del todo claro si el trabajador, ante su falta de readmisión o su readmisión irregular, puede directamente instar la extinción de su contrato o debe intentar antes la ejecución de la sentencia en sus propios términos, es decir, obligar a que el empleador le permita su integración en la empresa de forma correcta y regular.

Lo más lógico sería que el trabajador **solicite la readmisión** en su antiguo puesto y, ante la negativa de la empresa demandada, inste al Juzgado que ordene el cumplimiento de la sentencia en aplicación de lo previsto en la LRJS art.279 a 281.

Si la empresa continúa sin cumplir, será entonces cuando habrá que pedir la **extinción del contrato** según el contenido del ET art.50.1.c. En este caso, y en aplicación del ET art.50.2, el trabajador puede **optar** igualmente por la indemnización propia del despido improcedente.

7220 La ejecución de la sentencia que declare la nulidad de la medida empresarial se efectuará en sus propios términos, por lo que el trabajador deberá volver a las condiciones anteriores a la modificación que ha sido declarada nula (LRJS art.138.9).

No obstante, al trabajador tiene la posibilidad de instar la ejecución prevista en la LRJS art.138.8 optando por la extinción de su contrato *ex* ET art.50. En otro caso, de no permitirse que el trabajador pueda optar por la extinción del contrato de trabajo conforme a la LRJS art.138.8, podría encontrarse en una peor posición respecto a aquellos trabajadores que hubieran obtenido una sentencia que declara injustificada la decisión empresarial.

Al margen de estas dos particularidades recogidas en los apartados 8 y 9, la ejecución de la sentencia proveniente del proceso de la LRJS art.138 no presenta peculiaridad alguna con respecto a la del proceso ordinario, que a su vez se basa en lo establecido para la ejecución de sentencias en la LEC.

12. Impugnación colectiva

(ET art.41.5, 59.4 ET y LRJS art.153.1, 177 s.)

7230 Contra las decisiones modificativas de alcance colectivo podrá interponerse demanda de conflicto colectivo, cuya **tramitación** paralizará la de las demandas individuales que hubiesen podido instarse con anterioridad de acuerdo con lo ya indicado.

Paralelamente a estas vías de que dispone el trabajador afectado individualmente frente a una modificación sustancial de las condiciones de trabajo, los representantes de los trabajadores tienen también reconocida la posibilidad de **oponerse** a dicha medida. Para ello, tienen prevista la impugnación judicial ya sea a través del **proceso especial de conflictos colectivos** de la LRJS art.153 s., o bien el **proceso especial de tutela de derechos fundamentales** y libertades públicas de la LRJS art.177 s.

Es imprescindible que la decisión impugnada tenga un **alcance colectivo** ya que de otra forma se podrá apreciar que el procedimiento de conflicto colectivo resulta inadecuado.

PRECISIONES En ese sentido la AN resuelve que impugnándose como colectiva una modificación sustancial de condiciones de trabajo adoptada prescindiendo de los trámites del ET art.41.4 que afecta a un total de 21 trabajadores en una empresa que emplea a más de 300 trabajadores, el **procedimiento de conflicto colectivo** resulta **inidóneo**, sin perjuicio de las acciones individuales que los trabajadores puedan entablar contra la empresa si consideran la misma nula o injustificada ante los Juzgados de lo Social que resulten competentes (AN 4-3-24, EDJ 513091).

7235 No se admite la **legitimación activa** de las **organizaciones sindicales** cuando actúan en su propio nombre, no constando que lo hagan en nombre de trabajadores afiliados y en defensa de sus derechos individuales, amparándose en la vía de la LRJS art.20, sin que se haya acreditado, afiliación de los trabajadores a los sindicatos actuantes, ni autorización de estos al sindicato para litigar (JS núm 1, Segovia, 22-11-22). Lo anterior lleva a la apreciación de la inadecuación de procedimiento, no resultando subsanable la falta de legitimación activa de los sindicatos para promover la demanda.

PRECISIONES En aplicación de la LRJS art.154.c, se reconoce la **legitimación empresarial** para promover el conflicto colectivo con la finalidad de que se resuelva judicialmente sobre la procedencia de las medidas acordadas. Aunque los preceptos que regulan expresamente la impugnación de las medidas de modificación sustancial de condiciones de trabajo no atribuyen legitimación a la empresa para promover este tipo de procesos, su silencio no puede restringir las disposiciones generales establecidas para el proceso de conflicto colectivo. Si no se reconociera la legitimación a la empresa para promover un conflicto colectivo con el objeto de solucionar un problema interpretativo real y actual, se violaría el principio de igualdad de las partes (TS 29-11-18, EDJ 666765).

De esta forma el Tribunal Supremo reconoce la legitimidad de una empresa para promover un proceso de conflicto colectivo con el objeto de declarar legal y ajustada a derecho la modificación sustancial de condiciones de trabajo adoptada sin haber alcanzado acuerdo en el período de consultas. Amplía de este modo la posibilidad de presentar acción de jactancia, hasta ahora reservada legalmente a la validación empresarial de medidas de despido colectivo.

En relación con la **modalidad de conflicto colectivo**, debe señalarse que el **plazo** **7240**
para poder promoverla es el mismo que el de la LRJS art.138, es decir, los veinte días siguientes a la fecha de la notificación de la modificación. En efecto, el ET art.59.4 señala dicho plazo de caducidad en referencia a las acciones contra decisiones empresariales en materia de movilidad geográfica y modificación sustancial de condiciones de trabajo, sin diferenciar entre acción individual o colectiva.

No prescribe la acción de conflicto colectivo para impugnar la distribución irregular de la jornada impuesta por la empresa, aunque haya transcurrido más de un año desde su implantación, pues la acción sigue viva y puede ejercitarse en cualquier momento en que la medida siga vigente y proyecte sus efectos, aplicándose cuando se inicia el conflicto colectivo (TS 23-3-21, EDJ 521748).

Por último, la norma no indica cuál es el **contenido de la sentencia**, pero en coherencia la misma declarará la modificación como justificada, injustificada o nula en términos similares a los descritos anteriormente en relación con el proceso especial de medicación sustancial de condiciones de trabajo de la LRJS art.138.

13. Ideas Clave

✓ El **cauce específico** para la tramitación de las demandas presentadas en **7250**
impugnación de movilidad geográfica y modificación sustancial de condiciones de trabajo es el previsto en la LRJS art.138, cuyas características más destacadas consisten en que se trata de un proceso urgente de tramitación preferente.

✓ **No pueden acumularse** entre sí ni a otras distintas en un mismo juicio, ni siquiera por vía de reconvención con la excepción de que la impugnación se funde en la violación de los derechos fundamentales o de las libertades públicas del afectado, puedan acumularse a la impugnación aquellas pretensiones que son inherentes a la tutela del derecho fundamental (LRJS art.26.2 y art.182 a 184).

✓ El proceso se inicia por **demanda de los trabajadores** afectados por la decisión empresarial y se dirige contra el contra el empresario que haya adoptado la

7250 (sigue) decisión modificadora de las condiciones de trabajo del trabajador demandante.

✓ Las pretensiones que deben tramitarse con arreglo a esta modalidad procesal están exoneradas de la **conciliación administrativa** previa.

✓ La **competencia exclusiva** es del Juzgado de lo Social de todos los procedimientos del orden jurisdiccional laboral, excepto los que correspondan expresamente a los Tribunales Superior de Justicia, Audiencia Nacional, Tribunal Supremo, o a los Juzgados de lo Mercantil, esto último conforme a lo establecido en la L 22/2003, Concursal. En tanto a la competencia territorial, conocerá de la acción de impugnación el Juzgado de lo Social del lugar de prestación de los servicios del trabajador demandante afectado por la medida, o bien el del domicilio del demandado, a elección del trabajador demandante.

✓ La demanda debe presentarse en el **plazo de caducidad** de los 20 días hábiles siguientes a la notificación por escrito de la decisión a los trabajadores o a sus representantes.

✓ El órgano jurisdiccional puede recabar **informe urgente** de la Inspección de Trabajo y Seguridad Social, informe que versa sobre los hechos invocados como justificativos de la decisión empresarial en relación con la modificación acordada y cuyo contenido no será vinculante para el juzgador.

✓ Si una vez iniciado el proceso de impugnación individual se plantea **demanda de conflicto colectivo** contra la misma decisión empresarial, el proceso individual se suspende hasta la resolución de la demanda de conflicto colectivo, y, una vez que esta sea firme, tiene eficacia de cosa juzgada sobre el proceso individual.

✓ La sentencia declara la medida modificativa **justificada, injustificada o nula**, según hayan quedado acreditadas o no, respecto de los trabajadores afectados, las razones invocadas por la empresa, o bien cuando la decisión adoptada lo sea en fraude de ley, así como cuando tenga como móvil alguna de las causas de discriminación previstas en la Const y en la ley, o se produzca con violación de derechos fundamentales y libertades públicas del trabajador, incluidos los supuestos de declaración de nulidad del despido.

✓ Como regla general contra la sentencia dictada en el proceso **no procede ulterior recurso**, con la excepción de aquellas modificaciones que afecten a un número de trabajadores que supere el umbral del despido colectivo o en casos de alegación de vulneración de derechos fundamentales.

✓ Cuando el empresario **no proceda a reintegrar** al trabajador en sus anteriores condiciones de trabajo o lo hiciere de modo irregular, el trabajador podrá solicitar la ejecución del fallo ante el Juzgado de lo Social y la extinción del contrato por causa de lo previsto en el ET art.50.1.c).

✓ Contra las decisiones modificativas de alcance colectivo puede interponerse **demanda de conflicto colectivo**, cuya tramitación paraliza la de las demandas individuales que hubiesen podido instarse con anterioridad.

Anexo

Modelo demanda impugnación modificación sustancial condiciones de trabajo

AL JUZGADO DE LO SOCIAL DE (..........) QUE POR TURNO CORRESPONDA **8000**

DON ...., con D.N.I. ...., y con domicilio a efectos de notificaciones en ...., ante este Juzgado, comparezco y como mejor proceda en Derecho,

DICE

Que por medio del presente escrito vengo a interponer **DEMANDA en materia de IMPUGNACIÓN de MODIFICACIÓN SUSTANCIAL** contra la empresa:

.........., con C.I.F. ...., con domicilio en ...., que deberá ser citada en la persona de sus representantes legales.

La presente se basa en los siguientes

HECHOS

PRIMERO.– Que presto mis servicios para la empresa demandada con la categoría profesional de ...., con una antigüedad de fecha ...., percibiendo una retribución mensual con prorrateo de pagas extraordinarias de ...., con prorrata de pagas extra.

SEGUNDO.– Mi horario (O CONDICIÓN ANTERIOR) de trabajo hasta la fecha venía siendo el siguiente:

(Describir condiciones anteriores)

TERCERO.– En fecha .... la empresa me comunica que mi horario pasa a ser el siguiente:

(Especificar nuevas condiciones de trabajo)

Se adjunta como documento núm. 1 copia de la comunicación empresarial de modificación de condiciones.

CUARTO.– Que la empresa no ha seguido el procedimiento establecido en el Estatuto de los Trabajadores y, además, no tiene una causa que justifique tal decisión unilateral, toda vez que ....

QUINTO.– Por todo ello, la decisión empresarial deberá ser declara nula, o subsidiariamente improcedente, retomando a la parte demandante a las condiciones que disponía antes de la comunicación.

8000 (sigue) Para el caso de que la modificación sea declarada nula o injustificada, esta parte estima que le causa unos daños de .... al mes. Esta cuantía ha sido obtenida ....

SEXTO.– Esta parte no ha sido representante legal de los trabajadores en el último año ni ha ostentado ningún cargo de carácter sindical.

FUNDAMENTOS DE DERECHO

I.– Artículos 1, 2.a), 6, 10, 64 y 138 de la Ley 36/2011, de 10 de octubre, reguladora de la jurisdicción social, siendo competente dicho Juzgado de lo Social en razón de la materia y territorio.

II.– Artículos 41 del Texto refundido de la Ley del Estatuto de los Trabajadores, aprobado por Real Decreto Legislativo 2/2015, de 23 de octubre, por el que se aprueba el texto refundido de la Ley del Estatuto de los Trabajadores.

III.– Convenio colectivo de aplicación ....

Y por lo expuesto,

SUPLICO AL JUZGADO: que, habiendo por presentado este escrito, junto con sus copias y documentos que la acompañan, se sirva admitirlo y, en su virtud, tener por interpuesta demanda en materia de MODIFICACIÓN DE CONDICIONES DE TRABAJO tras la que, previos los trámites legales que procedan, dicte sentencia por la que declare NULA o, subsidiariamente, INJUSTIFICADA la modificación de condiciones de trabajo, ordenando a la empresa a reponerme en mis anteriores condiciones laborales así como al abono de los daños y perjuicios que la decisión empresarial me ha ocasionado durante el tiempo en que ha producido efectos, cuyo importe asciende a .... mensuales, en .... a .... de .... 202..........

OTROSÍ DIGO: Que al acto de juicio compareceré asistido por el letrado ...., en conformidad con el artículo 21.2 de la Ley reguladora de la jurisdicción social.

SEGUNDO OTROSÍ DIGO: Que interesa al derecho de esta parte, y sin perjuicio de ampliación en el momento procesal oportuno, los siguientes MEDIOS DE PRUEBA para que se requieran a la demandada y sean aportadas en el acto del juicio:

DOCUMENTAL:

Copia del contrato de trabajo.

Nóminas acreditativas de los salarios percibidos los últimos 24 meses.

(Especificar otra documentación a requerir a la empresa)

SUPLICO AL JUZGADO DE LO SOCIAL tenga por hecha tal manifestación a los a los efectos oportunos, admita y declare pertinentes las pruebas que se dejan propuestas, y acuerde cuanto sea preciso para llevarlas a efecto.

FDO.: Trabajador/a

Bibliografía

AYALA SÁNCHEZ, Alberto: «El sistema de puestos calientes o hot desk como posible modificación sustancial de las condiciones de trabajo o mero ejercicio del ius variandi», en *Revista Española de Derecho del Trabajo* nº 261, 2023, Edit. Aranzadi.

BASTERRA HERNÁNDEZ, Miguel: «Criterios – Jurisprudenciales en torno a los umbrales numéricos del art.41 del ET para la MSCT», en *Monografía Reestructuraciones Empresariales Congreso AEDTSS*, mayo 2021.

BERNAL SANTAMARÍA, Francisca: «Poder de dirección y "byot": ¿modificación sustancial de las condiciones de trabajo?», en *Revista Española de Derecho del Trabajo*, nº 257, octubre 2022. ISSN 2444-3476.

IGLESIAS OSORIO, Brais Columba:

- «La cláusula *rebus sic stantibus* en el ámbito laboral. Una prolongación del artículo 41 del Estatuto de los Trabajadores en tiempos de crisis» en *Revista de Trabajo y Seguridad Social. CEF, 472*, 123-151, 2022. https://doi.org/10.51302/rtss.2023.4689
- «La encrucijada judicial de la rescisión contractual indemnizada vía art.41 LET» en *Trabajo y Derecho*, nº 85, enero de 2022. Editorial Wolters Kluwer.

GARCÍA BLASCO, Juan y TREVIÑO PASCUAL, Mariano: «Modificación sustancial de condiciones de trabajo y poderes empresariales: a propósito de la STS (Sala de lo Social) 03/04/2018» en *Revista de Derecho Inmobiliario*. Madrid: Lefebvre, 2019.

MARTÍNEZ MORENO, Carolina: «Impugnación de medidas de modificación sustancial de condiciones de trabajo y de inaplicación de convenios» en *Revista de Derecho Inmobiliario*. Madrid: Lefebvre, 2016.

MOLINA GUTIÉRREZ, Susana: «Modificación sustancial de condiciones de trabajo de carácter individual: fronteras entre la legalidad ordinaria y la relevancia constitucional en orden al acceso a la sede suplicatoria» en *Revista de Jurisprudencia Laboral*, nº 10/2022.

MORÓN PRIETO, Ricardo: «Modificaciones de condiciones de trabajo: causalidad, razonabilidad e idoneidad. La exclusión del dumping social como causa justificativa (A propósito de la SAN de 15-7-2014, Rec 119/2014, caso FNAC)» en *Revista Aranzadi Doctrinal* núm. 8/2014. Universidad Autónoma de Madrid (UAM). BIB 2014/3746.

NAVARRO NIETO, Federico: «Las modificaciones sustanciales de condiciones de trabajo como instrumento de flexibilidad interna: luces y sombras en la doctrina judicial más reciente BIB 2016/80285» en *Revista Española de Derecho del Trabajo*, nº 190, 2016.

NORES TORRES, Luis Enrique: «Diálogos con la jurisprudencia. Modificación sustancial de condiciones de trabajo, tutela de derechos fundamentales y acceso a los recursos. Comentario a la sentencia del Tribunal Supremo 840/2022, de 19 de octubre» en *Revista de Trabajo y Seguridad Social*. CEF, nº 475, 2023. ISSN: 2792-8314.

POQUET CATALÁ, Raquel: *Modificaciones del contrato de trabajo (sustanciales, geográficas y funcionales)*. Aranzadi, 2018. 1ª ed., octubre.

Tabla Alfabética

A

B

C

D

E

F

G

H

I

J

L

M

N

O

P

R

S

T

U

V

Este libro se acabó de imprimir
en Junio dc 2024
por Printing'94, S. L.
Paseo de la Castellana, 93, 2° – 28046 Madrid